保险问道
之
养老金融体系建设

中国保险资产管理业协会 ▪ 编著

中国财经出版传媒集团
中国财政经济出版社

图书在版编目（CIP）数据

保险问道之养老金融体系建设／中国保险资产管理业协会著 . -- 北京：中国财政经济出版社，2021.12
ISBN 978-7-5095-4635-2

Ⅰ.①保… Ⅱ.①中… Ⅲ.①养老－金融体系－研究－中国 Ⅳ.①F832

中国版本图书馆 CIP 数据核字（2021）第 267892 号

责任编辑：郁东敏　　　　　责任校对：胡永立
封面设计：中通世奥　　　　责任印制：刘春年

保险问道之养老金融体系建设

BAOXIAN WENDAO ZHI YANGLAO JINRONG TIXI JIANSHE

中国财政经济出版社 出版

URL：http：//www.cfeph.cn
E-mail：cfeph@cfeph.cn

（版权所有　翻印必究）

社址：北京市海淀区阜成路甲 28 号　邮政编码：100142
营销中心电话：010-88191522
天猫网店：中国财政经济出版社旗舰店
网址：https://zgczjjcbs.tmall.com
北京时捷印刷有限公司印制　各地新华书店经销
成品尺寸：170mm×240mm　16 开　13.25 印张　161 000 字
2021 年 12 月第 1 版　2021 年 12 月北京第 1 次印刷
定价：52.00 元
ISBN 978-7-5095-4635-2
（图书出现印装问题，本社负责调换，电话：010-88190548）
本社质量投诉电话：010-88190744
打击盗版举报热线：010-88191661　QQ：2242791300

编 委 会

主　　任：曹德云
副 主 任：陈有棠　任泽平
委　　员：贺竹君　严振华　张　倩　陈国力　梁　栋
　　　　　苏　罡　万　群　陈　罡　姜　京　朱　炜
　　　　　熊　柴　杜　建　梁风波
指导专家：杜　林　董　炎　吴千里
主　　编：曹德云
副 主 编：陈有棠
全书统稿：于　萍　郑照义

执 笔 人：（按照姓氏笔画排序）

于　洋	于嘉俊	马路平	王兴海	王　珊
王　茜	王　聪	丛睿娇	吕建勤	朱海扬
刘云华	刘青松	刘昊朋	刘　派	许瑞珣
孙　博	李　丹	李　文	李　洁	李　静
杨　可	杨　董	吴伟英	吴玲娜	张　弘
张　玫	陆　悦	陈　亮	罗庆忠	金浩枫
金　鑫	周远航	郑照义	赵　晶	赵魏一
郝奕斐	胡　兵	秦振扬	钱　程	徐贝妮
徐晓晖	高　宇	浦鹏举	黄登稳	阎大鹏
楚立松	熊　柴			

PREFACE 序言

人口老龄化背景下的中国养老金融体系建设

"十四五"规划和2035年远景目标纲要（以下简称"十四五"规划纲要）明确提出，人口老龄化在中国进入加速期，要实施积极应对人口老龄化的国家战略。从2021年全国第七次人口普查数据看，中国老龄化发展主要呈现规模大、速度快、负担重三个特征。第一，老年人口规模大。当前中国60岁以上的老年人口超过2.6亿，占总人口的18.7%，其中超过65岁以上的老龄人口1.9亿，占比达到13.5%；第二，老龄化速度快。据《中国发展报告2020》[①]预测，2025年，中国65岁及以上的老年人将超过2.1亿，2035年将达到3.1亿，到2050年时将达到5亿；第三，负担重。2020年我国养老金总储备11.7万亿元，占GDP比重约12%，远低于OECD国家2018年的63.9%。第一支柱承担了主要保障责任，参保人数约10亿，资产合计8.1万亿元，占比近70%，保障程度低且支出压力大。第二支柱参与人数合计近7000万，规模约3.6万亿元，职业年金基本实现全覆盖，但企业年金扩面乏力且覆盖率低。第三支柱个人养老金建设尚处起步阶段，目前主要在产品端推进，顶层设计亟待出台，对养老保障的支撑明显不足。

中国银保监会郭树清主席多次指出，随着我国人口老龄化加速

---

① 中国发展研究基金会：《中国发展报告2020：中国人口老龄化的发展趋势和政策》。

到来，发展第三支柱已经十分迫切，金融业可以也应该能发挥重要作用。近几年，保险业及保险资产管理业充分发挥自身的优势与特点，深度参与养老保障体系建设，在养老金管理和养老产业投资方面发挥了主力军作用。根据中国保险资产管理业协会（以下简称协会）年度调研数据显示，截至2020年末，有10家保险机构通过账户及产品的形式，管理基本养老金超过2 100亿元。据人社部2020年末数据，保险机构管理第二支柱企业年金占比过半，一直占据市场的主导地位。另据协会年度调研数据，截至2020年末，12家机构（包括保险资产管理公司、养老保险公司和其他经营保险资产管理业务的机构）通过账户及产品形式，管理职业年金资产规模超过5 000亿元，与2019年末的相比增长1.8倍，在职业年金运作中发挥着积极作用。2021年6月，中国银保监会推出了专属商业养老保险产品试点，进一步丰富了养老金融产品市场。

在养老产业投资方面，保险机构积极布局医养大健康产业。据泰康健投的调查数据显示，截至2021年11月，保险机构在全国34个城市布局了养老产业，累计床位将超过13万张，通过轻资产、重资产等多种模式，布局养老机构、养老社区和居家养老等领域，进一步探索更多元的"适老"化服务。

中共中央、国务院近日发布的《关于加强新时代老龄工作的意见》再次提出有效应对我国人口老龄化，事关国家发展全局，事关亿万百姓福祉，事关社会和谐稳定，对于全面建设社会主义现代化国家具有重要意义。2021年12月17日，中央全面深化改革委员会第二十三次会议审议通过了《关于推动个人养老金发展的意见》，提出了发展多层次、多支柱养老保险体系，这是中国积极应对人口老龄化、实现养老保险制度可持续发展的重要举措。为此，在推动共同富裕的大背景下，进一步探索中国养老金融体系建设的发展具有非常现实的意义。

积极应对老龄化的挑战是国家战略层面的重要问题，也是保险行业发展中的重中之重。中国保险资产管理业协会作为保险资产管理领域的全国性社团组织，一直从多角度助力推动养老金融的发展。近几年来，协会依托养老金融投资管理专业委员会，在养老金融政策推动、养老金融教育、养老金融服务等领域组织开展了一系列政策研讨、行业交流、课题研究、教育培训及养老知识普及等活动。在中国银保监会指导下，先后组织行业撰写了第一本从保险行业角度谈养老金融的书籍——《中国保险业养老金融管理蓝皮书》，推出了市场专家观点荟萃的《养老金融双周评》电子期刊，撰写完成了《应对人口老龄化挑战下的中国养老金融体系》深度研究报告，组织开展了《国际视角下的养老金融培训》，特别是在 2021 年全新推出了养老金融教育系列活动——"全民大众话养老"视频及《中国养老财富储备调查报告》等，有力地推动了养老金融领域监管政策的落地，支持了行业发展的能力提升及服务了大众关注的养老信息需求。

莫嫌秋老山容淡，山到秋深红更多。解决好中国的养老问题就是助力人民实现日益增长美好生活向往的具体体现，应对老龄化不仅是中国面临的严峻挑战，更是全球面临的重要发展问题。为此，在"十四五"规划的开局之年，协会将与保险资产管理行业一起，立足新发展阶段、贯彻新发展理念、构建新发展格局，进一步借鉴国际经验，有效开展中国实践，为推动中国养老金融领域的高质量发展做出更大的贡献！

中国保险资产管理业协会党委书记
执行副会长兼秘书长
2021 年 12 月

CONTENTS 目录

理论研究篇

绪论 ··· 3

第一章　中国人口老龄化的趋势特征及影响 ··· 9
　第一节　中国人口老龄化的趋势特征 ··· 9
　第二节　中国人口老龄化的主要影响 ·· 15

第二章　中国养老金融体系建设现状与问题 ·· 18
　第一节　养老金体系现状评估 ·· 18
　第二节　金融机构参与养老业务现状评估 ·· 26
　第三节　存在问题 ·· 32

第三章　养老金融体系建设的国际经验 ·· 38
　第一节　美国经验 ·· 38
　第二节　英国经验 ·· 43
　第三节　日本经验 ·· 49
　第四节　启示 ·· 53

第四章　小结 ··· 56

实践探索篇

专题一　银行保险业推动养老保险体系建设 …………………… **65**
  第一节　第三支柱个人养老产品与服务 ……………………… 65
  第二节　保险资产管理公司养老金市场发展定位 …………… 75
  第三节　我国个人养老金制度的思考和建议 ………………… 81
  第四节　我国第三支柱养老金融产品的创新发展 …………… 88
  第五节　保险资管产品特色优势与第三支柱建设 …………… 99
  第六节　商业银行探索推动养老金金融业务高质量发展 …… 112
  第七节　商业银行开展养老金融的模式和路径 ……………… 121

专题二　基金信托业推动养老保险体系建设 …………………… **133**
  第一节　养老金产品的演进历程与发展建议 ………………… 133
  第二节　公募基金助力养老金投资 …………………………… 140
  第三节　养老目标基金发展及中美市场比较 ………………… 148
  第四节　老龄化下养老信托发展定位与模式创新 …………… 171

专题三　养老保险体系建设的国际化、科技化探索 …………… **181**
  第一节　养老金的国际化、专业化道路 ……………………… 181
  第二节　金融科技服务新时代第三支柱体系建设 …………… 189

后记 ……………………………………………………………………… **200**

理论研究篇

绪　　论*

一、中国人口老龄化的趋势特征及影响

当前中国老龄化程度在全球已处于中上水平，而且少子化和长寿趋势将使得老龄化持续加深。中国出生人口持续创历史新低，2021年全面三孩政策及配套支持措施对育龄妇女趋势下滑无影响、对生育率趋势下行存积极影响，政策效果有赖于实施力度。

基于我们的人口预测结果，中国人口老龄化将呈现三个趋势特征：老龄化速度之快在全球前所未有，未来30多年处于老龄化快速深化期；老龄化规模之大在世界前所未有，老年人口将持续增至2058年的4.6亿；高龄化问题日益突出，80岁及以上人口将持续增至约2074年的2.1亿。

人口快速老龄化将给我国社会经济发展带来全方位、深刻的巨大影响。从经济增长看，人口抚养比日趋上升，驱动经济潜在增长率下行。从产业看，产业结构将明显变化，地产等需求将下滑，健康护理等需求将上升。从养老看，养老压力日益加大，居民家庭财富亟待向长钱养老转化。从资本市场看，人口老龄化将从经济增长、资金供给、风险偏好等多方面影响中长期利率和股市市盈率总体趋势下行。

---

* 本篇源自中国保险资产管理业协会2021年专项课题《人口老龄化背景下的中国养老金融体系建设》。课题组成员：任泽平、熊柴、于嘉俊、赵魏一、钱程、刘派、金鑫、郑照义。

二、中国养老金融体系建设现状及问题

本文将养老金融体系定义为养老金制度安排以及金融机构围绕养老金管理、养老金融产品供给、养老产业投融资支持的活动。

在养老金体系方面，2020年我国养老金总储备11.7万亿元，占GDP比重约12%，远低于OECD国家2018年的算术平均值63.9%。第一支柱由城镇职工基本养老保险、城乡居民基本养老保险、社会保障基金构成，参保人数约10亿，资产合计8.1万亿元、占比近70%，保障程度低且面临严峻的可持续性挑战。第二支柱参与人数合计近7 000万、规模约3.6万亿元，职业年金基本实现全覆盖，但企业年金扩面乏力且覆盖率低。第三支柱个人养老金建设尚处起步阶段，目前主要在产品端推进，顶层设计亟待出台；产品包括税延商业养老保险①试点、专属商业养老保险试点、商业养老年金保险、养老理财试点、养老目标基金，目前仅税延商业养老保险有个税优惠。从养老金投资看，当前基本养老保险投资运营比例不到20%，第一和第二支柱养老金投资运营规模占比接近60%；投资收益有待提高，其中社保基金的投资收益高于企业年金，企业年金高于基本养老保险。

在金融机构参与养老金管理方面，进入门槛受限，资金管理能力有待提高。社保基金理事会为社保基金和基本养老保险基金的受托人，金融机构在第一支柱中可发挥托管与投资管理角色，在第二支柱中可发挥账户管理、受托管理、托管与投资管理角色。当前仅12家金融机构担任年金受托人，仅27家金融机构具备投管资格、数量较少，并且社保基金投管资格尚未放开对基金、证券

---

① 文中"税延商业养老保险"是指个人税收递延型商业养老保险。

外的其他金融机构准入，不利于公平竞争和激发市场活力。从实践看，由于管理能力有待提高，养老金配置权益类资产的比例长期较低。

在养老金融产品供给方面，产品同质化严重，有效供给不足。从财富管理产品看，除前述第三支柱产品外，当前个人养老保障管理产品规模约万亿元，多在2年期以内。从老年人专属保险产品看，产品种类比较有限，且保费贵、保额不足。以老年人住房反向抵押保险为例，2014年开始试点、2018年全面推行，但到2019年9月末有效保单仅129单。

在养老产业金融方面，整体介入程度不足。当前主要依靠政策性金融手段，社会资本介入不足，其中商业银行支持有限、保险参与较多。保险机构通过重资产、轻资产和轻重并举等多种模式积极参与养老社区建设。

存在问题包括：第一，在制度层面，第一、第二、第三支柱功能定位有待进一步明确。第一支柱亟须解决可持续性问题，第二支柱企业年金民营和中小企业参与能力和愿望不强，第三支柱整体顶层设计有待明确；在税收政策方面，第三支柱税延激励不足，第二和第三支柱养老金投资业务税收政策有待完善。在投资管理政策方面，对养老金投资范围、投资品种、机构管理资格的限量监管限制养老金保值增值。产品标准、从业机构等养老个人金融产品政策有待完善。用地性质、融资政策、财税政策等养老产业金融政策体系有待完善。养老金融政策协调体制机制亟待健全。第二，在金融机构层面，受托人战略资产配置能力不足，多短期考核，投资理念仍在探索；风险管理能力和全生命周期资金管理能力不足；对养老客户重视不够，服务的适配性有待提升。第三，在居民层面，养老金融教育亟待加强、养老规划意识亟待提高。

三、国际经验

（一）美国经验

在养老金方面，美国养老金规模世界最大。20世纪70年代美国社保改革使得第二和第三支柱快速发展，1974～2019年养老金规模占GDP比重从37%升至163%，目前第一支柱、第二支柱、第三支柱比重为8.3：53.9：31.2。第一支柱社会保障计划（OASDI）起源于1935年《社会保障法》，为强制性、广覆盖、低水平，企业和个人均缴纳6.2%。第二支柱的DC计划在最近40多年快速发展，以401（K）计划为主体。第三支柱IRA资金主要通过接受第二支柱转存，发展迅速。在投资方面，第一支柱养老金实行保守投资，第二和第三支柱养老金主要投向共同基金。

（二）英国经验

在养老金方面，英国2020年积累制的养老金资产规模达3.2万亿美元，占GDP比重为118.5%，其中第二支柱职业年金占养老金规模的比例约80%。第一支柱新国家养老金（nSP）主流缴费为企业13.8%、个人12%，领取金额统一，无关缴费水平。第二支柱职业养老金2012年开始分企业规模分阶段实施"自动注册"后，参与率由47%提升至2020年的78%；并设立全国职业储蓄信托（NEST）解决中小企业等参与成本高和资金规模小造成的投资劣势问题。第三支柱个人养老金计划于1986推出，包括存托养老金（SP）、自主投资型个人养老金（SIPP）。在投资方面，国民保险基金（NIF）仅可存放银行账户或购买国债，第二和第三支柱的私人养老金则实行审慎人原则。

(三) 日本经验

日本养老金体系以公共养老金主导，改革滞后错过时间窗口。第一支柱由国民年金（NPI）和厚生年金（EPI）两层组成，实行现收现付制，规定对雇员无业配偶的保险费从雇员收入中扣除。第二支柱职业年金体系复杂，以企业退休奖励的退职金为主导、员工无须缴纳。第三支柱个人养老金计划启动晚，以个人储蓄账户计划（NISA）为主体，其中包括少年 NISA、成年 NISA 和积蓄式 NISA。从资产管理看，公共养老金投资从保守型向高风险偏好转变，2001~2020 年股票配置占比则由 24.0% 升至 51.1%；年金投资主要采取被动策略。

（四）启示

一是拖延养老金融体系建设只会使困难累积、成本增加，必须尽早抓住时间窗口。二是丰富参与选项、引入自动加入机制、提供默认投资选择、推进税收优惠共享和提高账户便携性等有利于个人养老金体系建设。三是养老金融建设与资本市场建设可互利共赢。

四、政策建议

制度层面，以全覆盖、保基本为原则提高第一支柱可持续性；以广覆盖原则，通过财税政策、投资预设制度、提高便携性等大力发展第二、第三支柱。完善养老金个人税收政策和养老金投资业务税收政策。投资管理从限量监管逐渐转变为审慎监管，在范围、品种、进入门槛、考核等方面进一步优化。破解养老产业投融资政策限制，鼓励开展养老 REITs 试点。建立高层次的养老金融政策协调机构。

金融机构层面，加大养老金 ESG 投资探索实践。从全生命周期特征产品创新、适老化改造、整合资源打造"金融+"生态等方面加大个人养老金融产品供给。加大养老产业金融支持探索。

居民层面，以监管部门指导、行业协会主导，制定养老金融教育规范，全面开展养老金融投资者教育，树立全民养老规划理念。积极推动将包括养老金融在内的投资者教育纳入国民教育体系。充分发挥多主体作用，多种渠道积极宣传养老金融知识。

第一章
中国人口老龄化的趋势特征及影响

第一节 中国人口老龄化的趋势特征

老龄化是经济社会进步下人口再生产方式转变的结果,由低生育率和寿命延长共同作用,是人类社会不可逆转的发展趋势,已成为全球普遍现象。[①] 但由于严格计划生育政策长期推行,中国少子化、老龄化问题更为突出,老龄化形势较全球绝大多数国家更为严峻。

1. 中国老龄化程度在全球已处于中上水平,而且少子化和长寿趋势将使得老龄化持续加深。中国人口普查数据显示,1953~2020年中国65岁及以上人口从2 632万增至1.90亿,占比从4.4%增至13.5%。从历史看,1990~2000年、2000~2010年、2010~2020年老龄化程度年均分别增加0.15个、0.18个、0.46个百分点,老龄化明显加快。从国际比较看,根据联合国统计,2020年全球65岁及以上人口占比为9.3%,其中高收入经济体、中高收入经济体该占比

[①] 老龄化是指老年人口相对增加、占总人口比重逐渐上升的过程。按照一般定义,老龄化程度可划分为三个层次:60岁及以上人口占比超过10%或65岁及以上人口比重占比超过7%,进入老龄化社会;60岁及以上人口占总人口比重超过20%或65岁及以上人口比重占比超过14%,进入深度老龄化社会;60岁及以上人口占总人口比重超过30%或65岁及以上人口比重占比超过20%,进入超级老龄化社会。

分别为 18.4%、10.8%；日本、意大利、葡萄牙老龄化居全球前三，该占比分别为 28.4%、23.3%、22.8%。

从少子化情况看，中国出生人口持续创历史新低（见图 1-1）。2021 年全面三孩政策及配套支持措施对育龄妇女趋势下滑无影响，对生育率趋势下行存在积极影响，政策效果有赖于实施力度。1949 年以来中国先后经历了三轮婴儿潮，原本应在 2010 年后出现的第四轮婴儿潮因长期计划生育而基本消失；2014 年单独一孩、2016 年全面二孩政策对生育影响有限，出生人口短暂反弹后持续下滑，2020 年下降 1 200 万，除 1959~1961 年三年自然灾害外创历史新低。出生人口受育龄妇女、总和生育率影响。从育龄妇女看，中国 20~35 岁主力育龄妇女规模在 1997 年达 1.86 亿的峰值，预计 2030 年将较 2020 年减少约 25%。从总和生育率看，中国总和生育率从 1970 年之前的 5~6 以上快速降至 1990 年的 2 左右，再降至 2010 年的 1.5 左右，2014 年、2016 年有所反弹，但之后持续降至 2020 年的 1.3。[①] 在城市化推进、受教育程度提升、单身不婚等背景下，总和生育率趋势下行。2021 年全面三孩政策出台，但分孩次生育结构表明生育二孩的已较少，单纯放开三孩影响十分有限，政策效果有赖于生育、养育、教育成本降低力度。

从长寿趋势看，中国平均预期寿命达到约 78 岁，未来还有较大提升空间。1950~2020 年，中国平均预期寿命从约 40 岁提升至约 78 岁，过去 20 年平均每十年提升 2~3 岁。[②] 目前中国平均预期寿命

---

① 中国总和生育率数据依据人口普查资料、1% 人口抽样调查资料、年度人口变动情况抽样调查资料计算。总体看，依据上述资料计算的 1990~2016 年中国总和生育率数据明显偏低，比如 2010 年仅 1.18，2015 年仅 1.05。为此，本文按照小学生人数等数据对偏低的总和生育率数据进行了调整。

② 根据 1982 年及之后的全国人口普查资料和 1% 人口抽样调查资料，1982 年、1990 年、2000 年、2010 年、2015 年中国平均预期寿命分别为 67.80 岁、68.55 岁、71.40 岁、72.95 岁、74.83 岁、76.34 岁。2020 年第七次全国人口普查尚未公布平均预期寿命数据。国家卫生健康委《2019 年我国卫生健康事业发展统计公报》提到，2019 年平均预期寿命为 77.3 岁。综合人口普查资料及国家卫生健康委数据，估计 2020 年中国平均预期寿命约 78 岁。

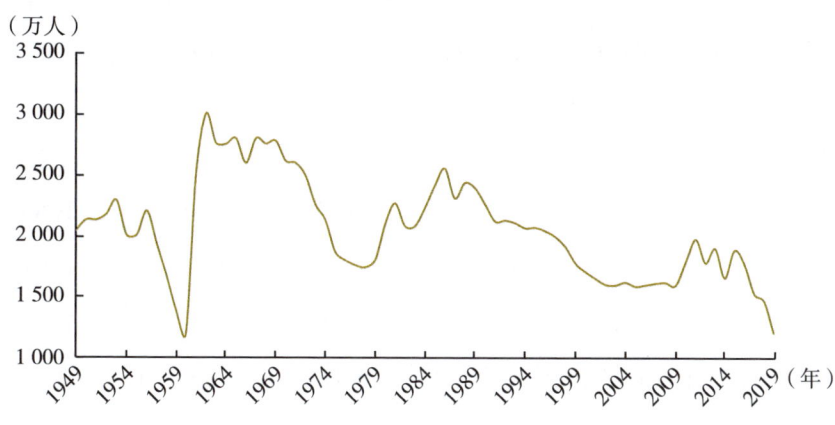

图1-1 中国出生人口持续下滑

资料来源：国家统计局

已明显高于全球平均水平的72.8岁和中高收入经济体的75.9岁，但低于高收入经济体的81.2岁。其中，日本、美国分别为84.8岁、78.9岁。按照联合国人口预测中方案，到2100年全球人口平均预期寿命将达81.8岁，其中高收入经济体均值将超过90岁，日本将达约94岁。

2. 基于我们的人口预测结果，中国人口老龄化将呈现三个趋势特征：速度快、规模大、高龄化突出。作为国际上最权威的人口预测之一，联合国《世界人口展望（2019）》对中国人口发展趋势存在不合理估计，关键问题在于其对中国总和生育率假设过于乐观。联合国人口预测中方案假设2016年及之后中国总和生育率长期在1.7以上。决定人口预测的准确性和科学性的关键在于基期、参数和模型。由于2020年第七次人口普查分年龄分性别人口数据尚未公开，我们以2010年第六次人口普查分年龄分性别数据为基期，利用基于队列要素人口预测方法开发的PADIS-INT软件，设定平均预期寿命、生命表、总生育率、生育模式、出生人口性别比、迁移率等参数预测中国人口趋势。其中，总和生育率假设到2030年逐渐变化至1.0、1.4、1.8、2.1，并在之后保持不变；预期寿命假设逐渐升至联合国预期的2100年高收入经济体均值（男性88.4岁、女性90.1岁）。① 预测结果如下：

在总人口方面，中国人口负增长临近，中期人口减少速度慢，远期人口将明显萎缩（见图1-2）。在总和生育率1.0、1.4、1.8、2.1四个方案下，中国人口总量见顶的时间分别为2024年、2026年、2034年、2042年，预计到2035年中国人口将分别为13.7亿、14.0亿、14.3亿、14.5亿，到2050年将分别为12.5亿、13.2亿、13.9亿、14.5亿，到2100年将分别为5.5亿、7.8亿、10.5亿、13.1亿。

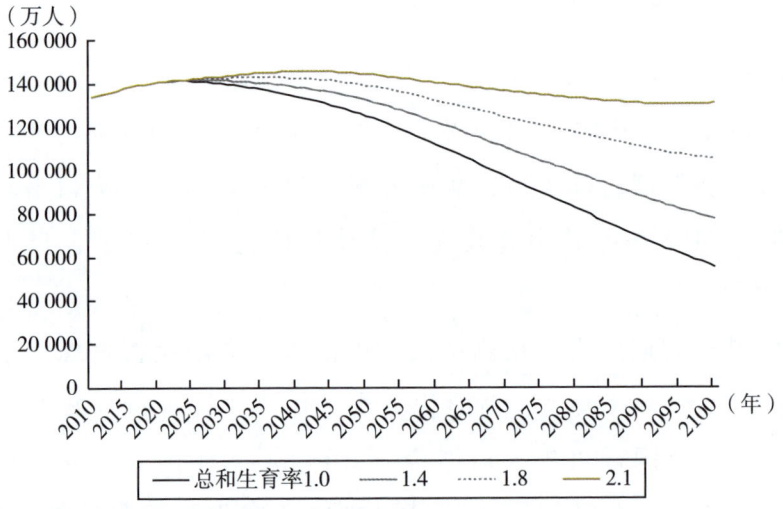

图1-2 中国人口负增长临近，远期将明显萎缩

资料来源：基于2010年人口普查资料数据预测

---

① 由于人口普查资料存在漏登情况，特别是对低龄人口的漏登，我们对2010年人口普查资料中的分年龄分性别人口数据进行了修正。其他假设还包括：在生命表方面，选择软件自带的联合国发展中国家模型的一般模式。在生育模式方面，基于2000年、2010年、2015年人口普查资料或1%人口抽样调查资料中的生育模式的延迟情况等估计。在出生人口性别比方面，2008~2020年出生人口性别比从120.6降至111.3，假设到2030年及之后保持在105。在迁移方面，考虑到净迁出规模很小，假设国际净迁入率为0。

在劳动年龄人口方面，2020 年出生人口已经决定 2035 年的劳动年龄人口，预计 2035 年中国 15~64 岁人口将为 9.1 亿，即较 2013 年峰值的约 10 亿减少约 1 亿，较 2020 年的 9.7 亿减少约 6 000 万。在总和生育率 1.0、1.4、1.8、2.1 四个方案下，预计 2050 年将分别为 7.3 亿、7.6 亿、7.8 亿、8.1 亿，占比分别为 58.2%、57.3%、56.4%、55.7%；到 2100 年将分别为 2.3 亿、3.7 亿、5.6 亿、7.2 亿，占比分别为 40.7%、48.3%、52.8%、54.7%。

在老龄化方面的趋势如下：

趋势一：中国老龄化速度之快在全球前所未有，未来 30 多年处于老龄化快速深化期。随着 1962~1975 年第二轮婴儿潮出生人口逐渐衰老并进入生命终点，未来 30 多年中国人口老龄化程度将快速深化。中国 2001 年进入 65 岁及以上人口占比超过 7% 的老龄化社会，预计将于 2021 年即用 20 年进入老年人口占比超 14% 的中度老龄化社会，再 11 年后即 2032 年前后进入老年人口占比超 20% 的深度老龄化社会。从发达国家情况看，从老龄化到深度老龄化，法国用了 126 年（1864~1990 年），英国用了 46 年（1929~1975 年），德国用了 40 年（1932~1972 年），日本用了 24 年（1971~1995 年）；从深度老龄化到超级老龄化，法国用了 28 年（1990~2018 年），德国用了 36 年（1972~2008 年），日本用了 11 年（1995~2006 年）。[①] 在总和生育率 1.0、1.4、1.8、2.1 四个方案下，预计 2050 年老年人口占比将分别为 33.6%、31.8%、30.2%、29.1%，到 2100 年将分别为 54.2%、42.5%、33.6%、28.5%。

趋势二：中国老龄化规模之大在世界前所未有，老年人口将持续增至 2058 年的 4.6 亿。1964~2020 年，中国 65 岁及以上人口占

---

① 英、法国、德国、日本 1950 年前老龄化数据来自联合国 1956 年报告《The Ageing of the Population and Tts Social and Economic Consequences》，之后数据来自联合国《World Population Prospects 2019》。

全球老人比重从 14.8% 升至 25.6%。预计到 2035 年、2050 年，中国 65 岁及以上老年人口将分别达 3.34 亿、4.21 亿，占全球老人比重将分别为 28.1%、26.3%，其中 2040 年前后中国老人占全球比重将达 28.5% 的峰值。预计中国 65 岁及以上人口将持续增长至 2058 年 4.64 亿的峰值，然后逐渐减少。在总和生育率为 1.0、1.4、1.8、2.1 的假设下，2058 年中国 65 岁及以上人口比重将分别为 40.4%、30.3%、34.7%、32.8%（见图 1-3）。

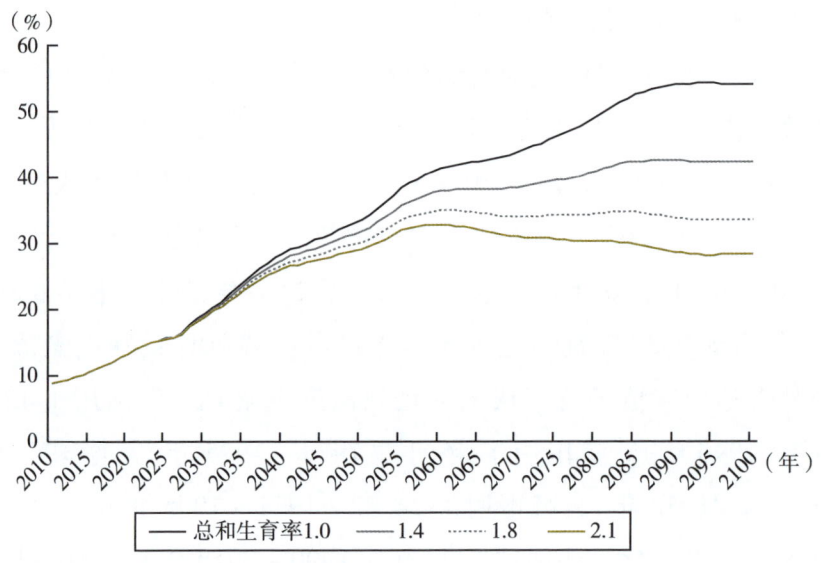

图 1-3　中国未来 30 年 65 岁及以上人口占比

资料来源：基于 2010 年人口普查资料数据预测

趋势三：中国高龄化问题日益突出，80 岁及以上人口将持续增至约 2074 年的 2.1 亿。老年人口分为 80 岁以下的低龄老人和 80 岁以上的高龄老人，前者健康水平较高，后者健康水平较低。2010~2020 年，中国 80 岁及以上人口从 2 099 万增至 3 660 万，占总人口比重从 1.6% 增至 2.6%，占 65 岁及以上人口比重从 17.6% 增至 19.4%。预计到 2035 年、2050 年，中国 80 岁及以上人口将分别增至 8 256 万、15 962 万，占总人口比重分别为约 6% 和约 12%，占

65岁及以上人口比重分别为24.7%、37.8%。从趋势看,80岁及以上人口将持续增至2074年前后的2.1亿,届时占65岁及以上人口比重将达50.5%的峰值。相关资料见图1-4。

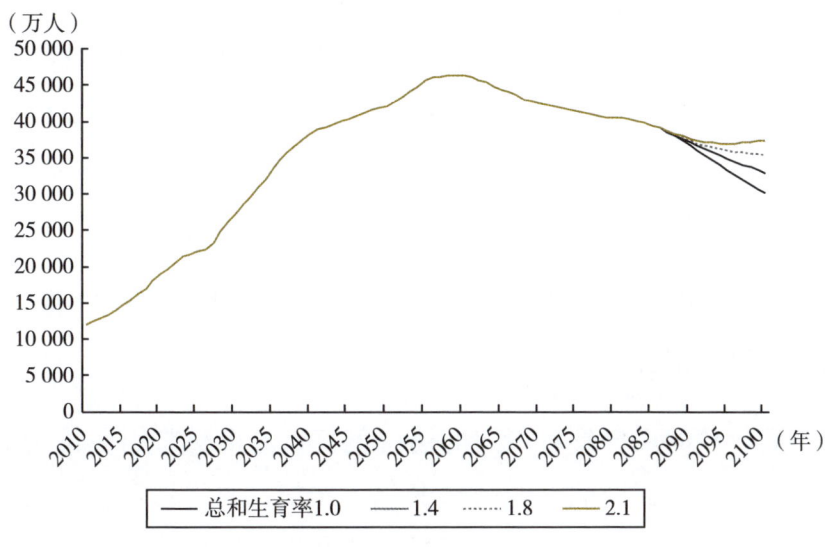

图1-4 中国老年人口规模预计将持续增至2058年

资料来源:基于2010年人口普查资料数据预测

第二节 中国人口老龄化的主要影响

人口发展既决定于经济社会发展,又对经济社会发展具有势大力沉的反作用。人口快速老龄化将给我国社会经济发展带来了全方位、深刻的巨大影响。

(一)从经济增长看,人口抚养比日趋上升,驱动经济潜在增长率下行

我国过去在人口红利期依靠庞大且年轻的劳动力资源和高储蓄带

来的高投资，支撑改革开放后经济高速增长。随着劳动年龄人口减少和老龄化加深，我国老年抚养比将在2024年超过少年抚养比并继续上升，2020年总抚养比升至45.9%，预计2050年将超过70%。尽管劳动年龄人口不足会倒逼创新，但人口老化制约创新活力且人口负增长限制创新需求，因此综合看未来我国经济潜在增长率趋势下行。2010年之前，中国经济年均增速超过10%，但之后逐渐下降至2019年的6.1%，2020~2021年受疫情影响大幅波动，预计后续将逐渐步入5%左右的中速增长，未来还将进入2%~3%的低速增长。

（二）从产业看，产业结构将明显变化，地产等需求将下滑，健康护理等需求将上升

不同年龄的人口具有不同的消费偏好，老龄化将引起消费需求结构的变化，进而影响产业结构变化。比如，对房地产，虽然城镇化继续推进、收入水平提高、家庭户小型化、住房更新等对住房需求存积极影响，但由于20~50岁主力置业人群在2013年见顶，2020年中国城镇居民住房套户比已达1.1左右，预计未来地产需求将趋势下滑。对大健康行业，在平均预期寿命延长趋势下，未来越来越多的人将带病生存，健康需求将日趋上升。过去几十年人类流行病学已明显转变，从主要罹患传染性疾病等急性疾病为主转向罹患慢性退行性疾病为主。根据世界卫生组织统计，2000~2019年全球平均健康预期寿命从58.34岁增至63.70岁，增加5.36岁；但60岁平均健康预期寿命从14.14岁增至15.75岁，仅增加1.61岁。

（三）从养老看，养老压力日益加大，居民家庭财富亟待向长钱养老转化

与发达国家相比，中国未富先老、未备先老问题突出。一方面，家庭结构日趋小型化使得家庭养老功能弱化。1964~2020年，我国家庭户规模从 4.45 人降至 2.62 人，其中一人户、二人户比例从不到 20%上升至约 40%，目前独居或仅与配偶居住的老人占老人总数比例接近一半，预计未来仍将持续上升。另一方面，当前中国居民养老长钱性质的财富储备严重不足。2020 年中国居民财富总额突破 78 万亿美元，仅次于美国，位居第二；但中国居民财富的 60%为房产，占比仅 40%的金融资产中还以现金、短期储蓄和理财等居多。从养老金制度看，中国养老金第二、第三支柱明显瘸腿，面临总量不足且可持续性差等问题。老年收入主要依靠储蓄和养老金，收入水平较工作时明显下降、但基础消费具有刚性，养老财富储备对保持老年生存体面日趋重要。

（四）从资本市场看，人口老龄化将从经济增长、资金供给、风险偏好等诸多方面影响中长期利率和股市市盈率总体趋势下行

从经济增长角度，人口老龄化使得经济潜在增长率下降，进而影响资金使用主体的利息支付能力，使利率中枢呈下行趋势；经济增长放缓的另一面是企业盈利增速放缓，市盈率将不再享受高成长溢价。从资金供求角度，青年收入小于支出、中年收入大于支出、老年依靠储蓄生活，人口老龄化不仅使得中年比重下滑、储蓄率下降，但青年/中年人口比例也在下降，资金供需相对宽松、利率下行。从风险偏好看，相较年轻人、老年人风险偏好低，对债券等固收类产品将更为偏好。

第二章
中国养老金融体系建设现状与问题

养老金融体系建设是夯实应对人口老龄化的社会财富储备、打造高质量的养老服务和产品供给体系等国家积极应对老龄化行动的关键支撑，也有利于培育长期投资者促进资本市场健康发展、更好服务实体经济和国家战略新兴产业。目前，养老金融体系尚缺乏明确定义，我们将其定义为养老金制度安排以及金融机构围绕养老金管理、养老金融产品供给、养老产业投融资支持的系列制度安排及活动。其中，养老金制度安排和金融机构围绕养老金管理的系列制度安排及活动也称为"养老金金融"，旨在提供制度化的养老财富；金融机构围绕养老金融产品供给的系列制度安排和活动也称为"养老服务金融"，旨在提供非制度化、多元化的养老财富积累与养老财富消费；金融机构围绕养老产业投融资的系列制度安排和活动也称为"养老产业金融"，旨在支持养老产业发展进而提供养老产业需求保障。

第一节 养老金体系现状评估

我国自 1991 年开始探索三支柱养老金体系，2020 年三支柱养老金总储备 11.7 万亿元，占 GDP 比重约 12%，远低于 OECD 国家 2018 年的算术平均值 63.9%。自 1991 年 6 月国务院发布《关于企业职工养老保险改革的决定》后，我国开始探索建立基本养老保险、企业补充养老保险和个人储蓄型养老保险相结合的多层次养老保障体系。2021年"十四五"规划要求,推动实现职工基本养老保险由制度全覆盖到法定人群全覆盖,发展多层次、多支柱养老保险体系,提高企业年金覆盖率,规范发展第三支柱养老保险。总体来看,当前我国养老金总储备严重不足,第一支柱独大,第二、第三支柱瘸腿明显。2020年我国养老金总储备11.7万亿元,占GDP比重约12%,远低于OECD国家的算术平均值63.9%(2018)[①]。其中,第一支柱占比近70%,第二支柱占比约30%,第三支柱仍在探索(见表2-1)。

表2-1　　　　2020年我国三支柱养老金体系构成

类型	构成	资金来源	参与人数(万人)	规模(万亿元)
第一支柱	基本养老保险	城镇职工基本养老保险	单位缴纳比例为16%,个人为8%	45 621	4.8
		城乡居民基本养老保险	由个人缴费、集体补助、政府补贴等构成	54 244	1.0
	社会保障基金	由中央财政预算拨款、国有资本划转、基金投资收益和以国务院批准的其他方式筹集的资金构成	—	2.5
第二支柱	企业年金	企业缴费不超过职工工资总额的8%,企业和职工个人缴费合计不超过12%	2 718	2.3
	职业年金	单位缴费用比例为本单位工资总额的8%,个人缴费比例为本人缴费工资的4%	4 235	1.3
第三支柱	个人储蓄型养老金	个人自愿性参与		

资料来源:全国社会保障理事基金会、人力资源和社会保障部

[①] 根据OECD统计,若不含公共养老金储备基金,2018年OECD国家养老金与GDP的算术平均值为49.7%,加权平均值为82.3%;若包括公共养老金储备基金,2018年上述两个数据分别为63.9%、96.6%。OECD披露了2019年不含公共养老金储备基金的情况,2019年OECD国家养老金与GDP的算术平均值为54.2%,加权平均值为91.5%。

一、第一支柱参保人数约 10 亿，保障程度低且面临可持续性挑战

我国第一支柱由城镇职工基本养老保险、城乡居民基本养老保险、社会保障基金构成。其中，全国社会保障基金于 2001 年成立，为国家社会保障储备基金，资金来源由中央财政预算拨款、国有资本划转、基金投资收益和以国务院批准的其他方式筹集的资金构成，2020 年末权益为 24 591 亿元。

过去 30 多年，基本养老保险在覆盖面上大幅提升。城镇职工基本养老保险覆盖范围为用人单位和职工，个体户、灵活就业人员也可参加，2019 年 5 月开始缴费比例调整为单位 16%、个人 8%，2020 年末参保人数 45 621 万人，基金累计结存 48 317 亿元。城乡居民养老保险覆盖 16 岁以上（不含在读学生）且未参加城镇职工基本养老保险的人群，资金由个人缴费、集体补助、政府补贴等构成。2020 年末参保人数 54 244 万人，基金累计结存 9 759 亿元。总体来看，2020 年末，基本养老保险参保人数合计 9.99 亿、参保率超过 90%，"十四五"规划要求到 2025 年参保率提高至 95%。

但与此同时，三大问题凸显：一是保障程度低。2020 年城镇职工基本养老保险人均领取额 40 198 元/年（折合 3 350 元/月），目前养老金替代率已不足 50%，"十四五"时期或进一步降至 40% 左右。城乡居民养老保险人均领取额为 2 089 元/年（折合 174 元/月）。二是可持续性差。城镇职工基本养老保险实行统账结合制，即用人单位缴纳的部分用于社会统筹、实行现收现付制，个人缴纳的部分进入个人账户、实行积累制，但因历史原因导致的视同缴费政策高度依赖财政补贴，个人账户实际长期空账运行。中国社会科学院《中国养老金发展报告 2016》测算，2015 年城镇职工基本养老保险个人

账户累计记账额（"空账"）达4.7万亿元，高于当年累计结余的3.5万亿元。根据中国社会科学院《中国养老金精算报告2019—2050》预测①，全国城镇职工基本养老保险基金累计结余将于2035年耗尽。三是地区不平衡现象严重。基本养老保险实行省级统筹，2018年7月中央开始建立调剂制度，上解比例从3%起步逐步提高，2021年为4.5%。

二、第二支柱参与人数近7 000万，企业年金扩面乏力且覆盖率低

第二支柱由职业年金和企业年金组成。

职业年金面向机关事业单位及人员，2008年在5个省市先行开展试点，2014年10月正式实施，采用个人账户方式管理，单位缴费比例为本单位工资总额的8%，个人缴费比例为本人缴费工资的4%。截至2020年末参与人数约4 235万人、基本实现全覆盖，金额约1.3万亿元。

企业年金扩面乏力且覆盖率低，参与主体以国企为主。企业年金概念在2000年首次明确提出，2004年《企业年金试行办法》出台后正式运行，2017年《企业年金办法》进一步规范。要求企业年金由企业与职工一方集体协商、自主确立，实行完全积累制，企业缴费不超过本企业职工工资总额的8%、企业和职工个人缴费合计不超过12%。2007~2014年企业年金参保人数从939万迅速增至2 293万，年均增速超过10%，但2015年后增速明显下滑（见图2-1）。截至2020年底，企业年金参与企业数位10.5万个，参与人数约2 718万，积累基金约2.3万亿元。从行业看，建立企业年金制度的企业

---

① 假设：企业缴费率16%，不考虑延迟退休等。

大多为能源、电力、铁路、交通、烟草、银行、证券、保险等行业，且大约 3/4 为国有企业，民企占比很小。

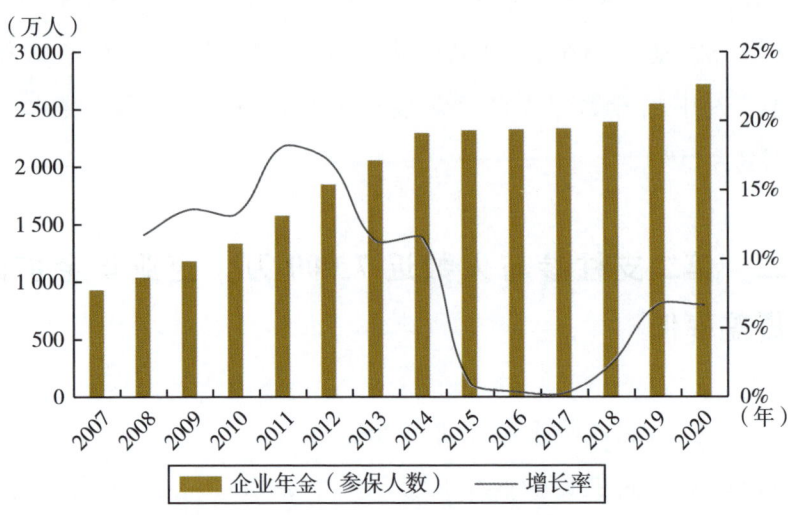

图 2－1　2014 年后企业年金参保人数增长缓慢

资料来源：人力资源和社会保障部

三、第三支柱建设尚处起步阶段，目前规模很小

近年来，我国主要在产品端对第三支柱建设进行了积极探索，在政策推动下保险、银行、基金已开始推进产品建设，但第三支柱的账户制度、税收优惠、产品标准等顶层设计尚未出台。2020 年 12 月，中央经济工作会议首次提出，规范发展第三支柱养老保险。2021 年 2 月人社部副部长表示，目前总的考虑是，建立以账户制为基础、个人自愿参加、国家财政从税收上给予支持，资金形成市场化投资运营的个人养老金制度。从已披露的政策表述看，未来符合条件的养老储蓄存款、养老理财和基金、商业养老年金保险将纳入第三支柱产品范围。

在养老保险方面，2018年5月开始个人税收递延型商业养老保险试点、2020年末规模仅4亿元，2021年6月开始专属商业养老保险试点。在个人税收递延型商业养老保险方面，2018年4月财政部等五部门发布《关于开展个人税收递延型商业养老保险试点的通知》（财税〔2018〕22号），自2018年5月1日起在上海市、福建省（含厦门市）和苏州工业园区开展试点。在税收政策上，实行EET税延，即在缴费和投资环节享受税收优惠（缴费时最高税优限额为当月工资薪金、连续性劳务报酬收入的6%和1 000元孰低），在支取时交税（25%部分予以免税，其余75%部分按照10%的税率计税）。在领取条件上，一般要求个人达到法定退休年龄时，可按月或按年领取商业养老金，领取期限原则上为终身或不少于15年。在具体操作上，涉及投保人工作单位、社保部门、税务部门、保险机构等多个主体，业务流程复杂，操作比较烦琐。根据中国银保监会数据，截至2020年底共有23家保险公司参与试点，19家公司出单，累计实现保费收入4.3亿元，参保人数4.9万人。

在专属商业养老保险方面，2021年5月中国银保监会印发《关于开展专属商业养老保险试点的通知》，宣布自2021年6月1日起由6家人身险公司在浙江省（含宁波市）和重庆市开展为期1年试点，要求产品需要满足消费者达到60周岁及以上方可领取养老金，且领取期限不短于10年。

在其他商业养老保险方面，以退休后才能领取定义，2020年末商业养老年金保险保费收入712亿元，责任准备金不到6 000亿元。过去养老年金保险的短期理财属性强、养老属性弱。原保监会2015年《人身保险公司保险条款和保险费率管理办法》、2017年《关于规范人身保险公司产品开发设计行为的通知》等进行了规范。

在养老理财方面，2020年中监管部门清理不合格产品，2021年9月开始养老理财产品试点。过去养老理财产品中投资期限比较短，

1年以下的产品占比接近九成，资产投向集中于高流动性、短期固定收益类资产。2020年中监管要求清理名不副实的"养老"字样理财产品，产品发行须获监管部门认证。2021年9月，中国银保监会办公厅发布《关于开展养老理财产品试点的通知》，自2021年9月15日起，工银理财在武汉市和成都市、建信理财和招银理财在深圳市、光大理财在青岛市开展养老理财产品试点，试点期限暂定1年，单家试点机构募集资金总规模限制在100亿元内。

在养老基金方面，2018年养老目标基金开始发行，目前规模超800亿元。2018年2月，中国证监会《养老目标证券投资基金指引（试行）》要求，以FOF方式操作，定期开放的封闭运作期或投资人最短持有期限不低于1年，包括目标日期、目标风险两类。2018年8月，首批共14只养老目标基金正式获得中国证监会发行批文。截至2021年8月9日，44家公募基金成立养老目标基金共126只，封闭期为1年、3年、5年，规模合计815.1亿元。

总体来看，目前个人购买仅税收递延型商业养老保险有税收优惠，而专属商业养老保险、商业年金保险、养老理财、养老目标基金尚无税收优惠，并且养老理财、养老目标基金在产品持有年限上较短。

四、养老金投资运营陆续启动，基本养老保险和企业年金收益率较低

当前我国第一、第二支柱养老金投资运营规模占比接近60%，但基本养老保险投资运营比例不到20%。社保基金市场化运营早，可由社保基金理事会直接投资，也可委托投资。职业年金2018年全面启动投资运营，2020年末投资规模1.29万亿元。企业年金自2007年投资运营，2020年企业年金基金实际运作资产金额2.2万亿元，占累计结存比重98.5%。基本养老保险大部分只能买银行存款

和国债,收益率仅为2%~3%;2016年底以保底保收益模式开始委托社保基金理事会运营,2020年所有省份均启动实施基本养老保险基金委托投资工作,合同规模1.24万亿元、到账金额1.05万亿元,到账规模占比不到累计结存规模的20%,主要原因在于县、市和省逐级收缴发放的模式和投资运营之间衔接存在困难。

从投资收益看,社保基金的投资收益高于企业年金,企业年金高于基本养老保险(见图2-2)。社保基金2020年投资收益率为15.84%,自2000年8月成立以来年均投资收益率8.51%。基本养老保险委托运营部分2020年投资收益率为10.95%,2017~2020年年均投资收益率为6.89%;若加上未委托运营部分,基本养老保险基金的收益率大致约3%。企业年金2020年投资收益率为10.31%,自2007年以来年均加权平均收益率为7.30%。

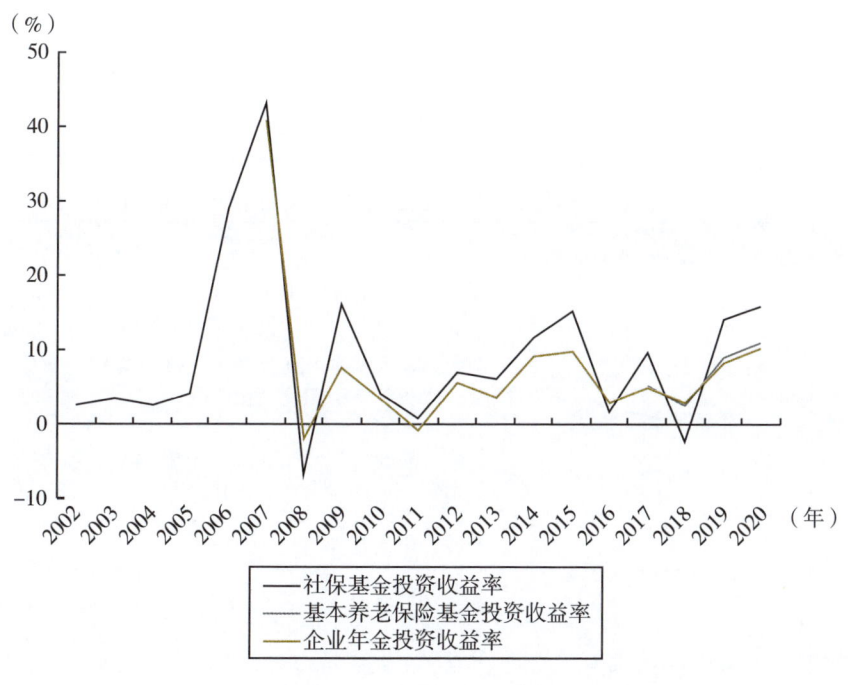

图2-2 养老金投资收益率

资料来源:全国社会保障基金理事会、人力资源和社会保障部

第二节　金融机构参与养老业务现状评估

一、参与养老金市场化运营，但存在进入门槛限制且管理能力有待提升

在养老金运营管理中，受托人负责战略资产配置，处于核心位置；投资管理人负责投资组合具体操作。养老金投资管理涉及委托人、受托人、托管人、账户管理人和投资管理人等多个角色。其中，委托人提出长期收益目标或者最大可承受风险水平等要求；受托人负责制定战略资产配置策略，提出大类资产投资比例和风险控制要求，考核评估投资业绩；托管人负责安全保管资产、开设资金和证券账户、清算交割；账户管理人主要负责记录、信息查询等；投资管理人负责投资组合具体操作。具体情况见表2-2。

表2-2　金融机构担任养老金受托人和投资管理人情况

类型	受托人	投资管理人
基本养老保险	社保基金理事会	基金：博时基金、大成基金、富国基金、工银瑞信基金、广发基金、海富通基金、华夏基金、汇添富基金、嘉实基金、南方基金、鹏华基金、易方达基金、银华基金、招商基金
		保险（资管）：长江养老、平安养老、国寿养老、华泰资产、泰康资产、人保资产
		证券：中信证券
社保基金	社保基金理事会	基金：博时基金、长盛基金、大成基金、富国基金、国泰基金、工银瑞信基金、广发基金、海富通基金、华夏基金、汇添富基金、嘉实基金、南方基金、鹏华基金、易方达基金、银华基金、招商基金
		证券：中金公司、中信证券

续表

类型	受托人	投资管理人
企业年金	银行：工商银行、农业银行、招商银行、中国银行	基金：博时基金、富国基金、国泰基金、工银瑞信基金、海富通基金、华夏基金、嘉实基金、南方基金、易方达基金、银华基金、招商基金
	保险（资管）：长江养老、平安养老、太平养老、泰康养老、人保养老、国寿养老	保险（资管）：长江养老、平安养老、太平养老、新华养老、人保养老、国寿养老、华泰资产、泰康资产
	养老金公司：建信养老金	养老金公司：建信养老金
	信托：中信信托	证券：中金公司、中信证券
职业年金（中央）	银行：工商银行	基金：博时基金、富国基金、工银瑞信基金、海富通基金、华夏基金、南方基金、易方达基金、银华基金、招商基金
	保险：长江养老、平安养老、太平养老、国寿养老、泰康养老	保险（资管）：长江养老、平安养老、太平养老、国寿养老、华泰资产、泰康资产、人保资产
	养老金公司：建信养老金	养老金公司：建信养老金
	—	证券：中金公司、中信证券

注：职业年金实行中央、省级共33个统筹区分别委托，在此仅梳理了中央国家机关事业单位职业年金情况作为参考。另2021年10月，人社部公告称华宝信托的企业年金受托资格被不予延续。

资料来源：人力资源和社会保障部、全国社会保障基金理事会等

12家金融机构担任年金受托人，27家金融机构担任第一、第二支柱养老金投资管理人，其中社保基金的投资管理人资格目前仅限制在基金、证券。根据政策规定，社保基金和基本养老保险基金的受托人为社保基金理事会，企业年金受托人为企业年金理事会或法人受托机构，职业年金采取省级社保机构集中委托、受托人为法人受托机构。金融机构在第一支柱中可担任托管人、投资管理人，在第二支柱中可担任受托人、托管人、账户管理人与投资管理人。在第一支柱的基本养老保险方面，共21家机构具备投资管理资格，其中14家基金、6家保险（资管）、1家券商；在社保基金方面，共

18家境内机构具备投管资格，包括16家基金和中金公司、中信证券。在第二支柱的企业年金方面，共12家金融机构担任受托人，其中4家银行、6家保险、1家养老金公司、1家信托；22家机构具有投资管理资格，其中11家基金、8家保险（资管）、1家养老金公司、2家证券。在职业年金方面，以中央国家机关事业单位职业年金为例，共7家金融机构担任受托人，其中1家银行、5家保险、1家专业养老金公司；共19家金融机构担任投资管理人，其中9家基金、7家保险（资管）、1家养老金公司、2家证券。2020年保险、基金、资管、证券投资管理的企业年金规模分别为8 047亿元、7 781亿元、4 043亿元、1 815亿元，份额占比分别为37%、36%、19%、8%；投管规模最大的三家金融机构分别为泰康资产、平安养老、国寿养老，市场份额分别约为17%、13%、11%。

金融机构的管理能力有待提高，风险忍受度低导致投资保守，进而导致投资收益低。养老金投资管理的短期风险是资产价格波动，长期风险是不能提供预期的养老待遇，风险忍受度低导致投资保守、权益类资产配置少，虽然回避了短期风险，但却加大了长期风险。从实践看，养老金投资总体比较保守，权益类资产配置明显不足。从人社部披露的数据看，企业年金权益类资产占比长期低于10%，2020年为8.1%。虽然社保基金和基本养老保险的资产配置情况未公布，估计社保基金权益类资产占比高于企业年金。2009～2020年，社保基金年均投资收益率8.2%，而企业年金年均投资收益率仅为5.66%。

二、推出多样化个人养老金融产品，但有效供给不足

最近几年，国务院《关于加快发展养老服务业的若干意见》（国发〔2013〕35号）、国务院办公厅《关于加快发展商业养老保险的若干意见》（国办发〔2017〕59号）等政策文件相继出台。在

政策推动下,商业银行、保险公司、证券公司等各类金融机构广泛推出个人养老金融产品和服务,在一定程度上满足了养老财富管理、消费融资、风险保障等多元化需求。并且,金融机构也在不同程度打造"金融+"养老综合服务生态体系,满足老年客户在养老居住、旅游、医疗、法律、教育等方面的非金融服务需求。总体看,除前述第三支柱养老金融产品外,个人养老金融产品同质化严重,具有长期养老功能、符合生命周期管理特点的养老金融产品有效供给不足。

从财富管理产品看,当前个人养老保障管理产品规模约万亿元,多在2年期以内。养老保障管理业务,指养老保险公司作为管理人为团体和个人提供养老保障及相关的资金管理服务,包括方案设计、受托管理、账户管理、投资管理、待遇支付、薪酬递延、福利计划等服务事项。2009年原保监会《关于试行养老保障委托管理业务有关事项的通知》(保监发〔2009〕129号),允许养老保险公司试营团体养老保障管理业务;2013年《养老保障管理业务管理暂行办法》(保监发〔2013〕43号)允许面向个人;2015年《养老保障管理业务管理办法》(保监发〔2015〕73号)进一步规范。据不完全统计,当前个人养老保障管理产品规模约万亿元,以中短期的资金管理为主的,一般为2年期以内。

从老年人专属保险产品看,产品种类比较有限,且保费贵、保额不足。当前绝大多数向老年人销售的保险产品只是在普通产品基础上,放宽投保年龄和投保条件的限制,相比人身险市场超过7 000种产品,老年人专属产品不到200款,而且保费相对较贵、保额不足。从产品类型看,现有产品类型主要是意外险、意外医疗以及防癌险,风控水平要求更高的老年医疗险、长期护理险以及住房反向抵押保险供给严重不足。中国银保监会数据显示,截至2020年2月,在人身险公司中,老年人专属保险产品150款,包括健康险93款(疾病保险71款、医疗保险21款、失能收入损失险1款)、意外险43款、人寿保险 5 款（终身寿险 1 款、两全保险 4 款）、年金保险 9 款（养老年金 8 款，其中住房反向抵押保险 3 款、非养老年金 1 款）。

以老年人住房反向抵押保险为例，2014 年开始试点，2018 年全面推行，但到 2019 年 9 月末有效保单仅 129 单。2014 年 6 月原保监会发布《关于开展老年人住房反向抵押养老保险试点的指导意见》，开展老年人住房反向抵押养老保险试点，2018 年全面推行。但由于缺乏专项条款制度与风险管控机制，住房反向抵押养老保险承保难度大、流程复杂，同时由于养老金融产品监管缺位，市场上不法分子借"以房养老"名义的骗局层出不穷，致使一些老人房财两空。据中国银保监会公开数据，截至 2019 年 9 月末，反向抵押保险期末有效保单 129 件，共 129 户家庭 191 位老人参保，参保老人平均年龄 71 岁。

三、支持养老产业建设，但整体介入程度较低

养老产业的范围很大，本文的养老产业聚焦于与机构养老相关的养老照护服务、养老设施建设等养老服务业。① 2019 年《国家积极应对人口老龄化中长期规划》要求，健全"以居家为基础、社区为依托、机构充分发展、医养有机结合"的多层次养老服务体系。近年来，养老服务业迎来战略发展机遇期，但仍处于初创期向成长期的过渡阶段，市场尚不成熟。据民政部统计，2014～2019 年我国各类养老服务机构和床位数分别由 9.4 万个、577.8 万张增至 20.4

---

① 根据国家统计局《养老产业统计分类（2020）》，养老产业是以保障和改善老年人生活、健康、安全以及参与社会发展，实现老有所养、老有所医、老有所为、老有所学、老有所乐、老有所安等为目的，为社会公众提供各种养老及相关产品（货物和服务）的生产活动集合，包括专门为养老或老年人提供产品的活动，以及适合老年人的养老用品和相关产品制造活动。范围包括养老照护服务、老年医疗卫生服务、老年健康促进与社会参与、老年社会保障、养老教育培训和人力资源服务、养老金融服务、养老科技和智慧养老服务、养老公共管理、其他养老服务、老年用品及相关产品制造、老年用品及相关产品销售和租赁、养老设施建设。

万个、775.0万张，年均增长达16.7%、6.0%。2019年我国每百名65岁及以上老人仅拥有长期护理床位数仅2.3张，远低于日本的3.4张、德国的4.9张、法国的5.1张、英国的3.8张。

当前养老服务业融资主要依靠政策性金融手段，社会资本介入不足，其中商业银行支持有限、保险参与较多。政策性金融主要包括国开行养老产业专项贷款、政府与社会资本合作的养老PPP模式、养老产业投资基金以及养老产业专项债等。其中，2017年后财政部加强项目清查，养老PPP模式的数量和额度均呈下降趋势。2017年底至2021年6月，养老PPP项目数及投资额分别由295个1 886亿元持续降至170个946亿元。由于大部分养老产业前期投入大，资金回报慢，盈利模式不清晰，且养老项目多为慈善医卫用地或租赁物业，缺乏抵/质押物，授信难度大。目前商业银行虽纷纷制定养老产业授信指导意见，但尚未取得实质性突破，产业授信多为单点项目落地，未形成成熟产品模式进行规模化推广复制，授信规模总体偏小。

保险机构通过重资产、轻资产和轻重并举等多种模式积极参与养老社区建设。养老产业建设前期投资大、回报周期长但收益稳定的特点与险资高度适配。截至2020年9月末，保险资金通过直接股权和间接股权投向康养生态建设产业的私募股权投资基金达2 347.8亿元。在参与养老社区建设方面，保险机构整合健康养老上下游产业链，推出"保险产品+养老社区+专业服务"综合解决方案，主要有重资产、轻资产和轻重并举三种模式（见表2-3）。目前市场上已有13家保险机构投资的近60个养老社区项目，为全国20余省市提供床位数超8万张。从运营模式看，养老社区收入来源主要包括入门费、会员卡、月费和其他服务费用，并通过给予满足条件的保险客户入住养老社区的资格、优先入住的权限和部分折扣优惠的形式，实现和保险业务的联动。由于入住率提升需要时间，目前大多数养老社区尚处于运营亏损阶段。比如，较早参与养老社区的泰康保险，2017~2020年医疗及养老社区运营收入分别为2.69亿元、19.87亿元、34.84亿元和33.39亿元，成本分别为4.34亿元、19.58亿元、32.35亿元和33.97亿元。

表2-3　　　　保险机构多模式参与养老社区建设

模式	案例	基本情况
重资产	泰康保险	买地自建，发展大型CCRC养老社区"泰康之家"，已布局22个城市，可容纳约5.5万名老人。其中，已有7家养老社区投入运营，入住约4 500人
	中国太保	买地自建，推进"太保家园"建设，主要投资于大型城郊型、度假型高端养老社区项目，以及中小型城市型高端养老社区项目和其他医疗健康项目。7个城市的8个养老社区项目已投资落地，累计开工63.68万平方米，在建4 894套养老公寓、7 966张床位。总投资储备床位数1.1万张
轻资产	光大永明	通过公建民营、租赁物业、委托管理等方式，连接养老院、护理院、社区养老机构、居家养老站点、CCRC五大养老业态房源。目前养老床位数超过3.1万张，服务人数超30万次
轻重并举	中国太平	一方面重资产打造大型CCRC社区"梧桐人家"；另一方面，通过联营等方式与第三方养老社区合作打造以旅居社区为主的"太平乐享家"项目

资料来源：相关公司公开资料整理

第三节　存在问题

一、制度层面：顶层设计亟待完善

（一）养老金三支柱的基本制度设计亟待健全

在总体上，三支柱功能定位有待明确。在多层次、多支柱养老金保险体系的建设目标下，第一支柱和第二、第三支柱的功能定位有待进一步明确，以何为主、以何为补充，应分别设置何种水平的目标替代率，在不同的目标替代率下将有不同的制度设计。

分支柱看，第一支柱目前承担了大部分国民的养老责任，在最低缴费年限仅 15 年下断缴现象不少，在老龄化趋势下财政压力大，亟待解决可持续性问题。第二支柱中民营和中小企业参与率很低，问题主要在于：企业年金参与机制为企业与职工一方自主决定，尽管企业可享受最高 8% 的税前抵扣，但依然意味着增加人工成本，企业缺乏积极性。第一支柱职工基本养老保险的企业缴费率高，挤压了企业参与企业年金制度的空间；现行政策规定企业对企业缴费部分可设置最长 8 年的归属期设定权，影响个人参与积极性。第三支柱规模很小，账户制度、财税政策、合格金融投资产品标准、投资政策等顶层设计有待出台。

在税收政策方面，第三支柱税延激励不足，第二、第三支柱养老金投资业务税收政策有待完善。一方面，当前我国对个人征收的资本利得税仅包括红利税、房产交易个人所得税等，对股票、基金等投资收益不征税。在个人资本利得税基本缺失情况下，第三支柱税延政策的激励性不够，我国税收体系以间接税为主、个税占比低，2018 年个税改革后缴纳个税人数从 1.84 亿降至 6 400 万，税延商业养老保险缴费环节最高 1 000 元/月免税、领取环节实际税率为7.5%。该政策对仅缴纳 3% 税率和不缴税的中低收入人群存在负向激励，而对税率在 10% 及以上的中高收入人群吸引力不足。另一方面，在养老金投资业务税收政策方面，根据财政部、国家税务总局相关政策，社保基金、基本养老保险基金买卖证券的利息收入和金融商品转让收入，免征增值税；而年金未明确规定，实际运营管理中按免征增值税执行；对第三支柱投资业务税收政策尚未明确。

在投资管理政策方面，对养老金投资范围、投资品种、机构管理资格的限量监管限制养老金保值增值。在投资范围，目前社保基金可投资境内外（境外20%），基本养老保险限于境内，年金限于境内以及香港市场。在投资品种方面，权益投资、另类投资、产业投资等还存在明显限制，目前社保基金、基本养老保险、年金的权益资产比例上限分别为40%、30%、40%；社保基金、基本养老保险可以进行部分股权投资，年金可以试点形式进行股权投资。在金融机构准入方面，目前仅12家金融机构具备企业年金受托人资格，仅27家金融机构具备投资管理人资格，数量较少，后者包括基金公司16家、券商2家、保险（含保险资管）8家、养老金公司1家，不利于公平竞争和激发市场活力。

（二）产品标准、从业机构准入等养老个人金融产品政策尚未出台

目前我国缺乏养老金融产品的专门法规，相关监管机构也没有出台专门的指导规定，对其产品标准、业务范围、从业机构、服务标准、业务流程等内容进行界定和规范。这导致市场上众多养老金融产品在销售对象、存续周期、附加服务、产品收益等方面缺乏针对性、与一般投资理财产品同质化严重，中长期养老服务金融产品匮乏。并且，现有监管体系对非法融资中介机构缺乏有效监管，一些非法机构以养老理财为幌子进行非法集资等活动。

（三）用地性质、融资政策、财税政策等养老产业金融政策体系有待完善

在用地方面，目前尚无"养老产业用地"的专属分类，养老项目一般按照商服、商办、医卫慈善等性质拿地，土地成本高。在融资政策上，全国性专项政策仍停留在宏观引导层亟待落地。若养老机构为民办非企业单位性质，授信未列入银保监会"两增两控"普惠考核范畴；若养老项目涉及地产投资，在"房住不炒"背景下相关融资不可避免会受到监管政策影响；若养老项目为慈善医卫用地

或租赁物业，缺乏抵/质押物，担保公司介入意愿低，增信措施有限。在财税政策上，现行财政补贴政策主要向公办、民办非营利养老机构倾斜，工商注册营利性质的养老机构缺乏补贴政策支持，并且保险自持养老社区仍需缴纳房产税且数额较大。

（四）养老金融政策协调体制机制亟待健全

养老金融体系建设涉及人社、民政、财政、税务、央行、银保监会、证监会等多个部门，多头监管需要建立高层次协调机制以降低政策协调成本、避免监管缺位以及监管套利行为。目前相关协调机制有：由民政部牵头的养老服务部际联席会议、人社部牵头的养老保险顶层设计部际研究小组等，缺乏党中央或国务院层面的养老金融建设协调机制。

二、金融机构层面：养老金管理和养老金融产品开发能力不足，对养老客户重视不够

（一）受托人战略资产配置能力不足，多短期考核，投资理念仍在探索

作为社保基金和基本养老保险基金的受托人，社保基金会在投资运营中形成了包括战略资产配置计划、年度战术资产配置计划和季度资产配置执行计划的较为完善的资产配置体系，风险政策从早期不亏损发展到5年滚动不亏损，再发展到5年平均收益率不低于3.5%。而在年金计划层面的受托人能力有限，难以统一筹划大类资产配置方案，过度依赖投资管理人在投资组合层面进行战术资产配置，同时难以有效激励监督投资管理人行为，只能试图通过人为划分多个投资组合、鼓励投资管理人竞争来化解管理难题。但是，短

期考核和频繁比较对投资管理人行为造成扭曲，组合碎片化又导致规模经济难以发挥作用，导致主动投资难以创造价值，整体投资业绩低于预期。

（二）风险管理能力和全生命周期资金管理能力不足

长寿风险、投资风险和运营风险是养老金管理机构面临的三个主要风险，老龄化程度使得长寿风险日益凸显。包括第三支柱在内的养老金融产品要求在明确客户风险特征的基础上，匹配客户预期寿命，对资金进行跨度数十年的全生命周期的管理。一些金融机构对此进行了探索，但能力仍然不成熟。

（三）对养老客户重视不够，服务的适配性有待提升

除制度原因、居民原因以及金融机构的客观能力原因外，目前个人养老金融产品供给不足和养老产业接入不够的原因还在于：金融机构对养老客群的重视度还处于不断提升的过程中，对养老客群的深度价值挖掘、差异化需求研究还不够，服务的适配性有待提升。

三、居民层面：养老金融教育亟待加强、养老规划意识亟待提高

我国金融市场起步较晚，国民的金融知识相对有限，要么导致风险偏好偏保守，要么导致风险识别能力不足。当前不少公众对利率、复利、税率、通货膨胀等基础金融知识缺乏认识或存在认识偏差，对国家养老金基本政策法规缺乏了解，养老规划意识不足。中国社科院《2020年中国养老金融调查报告》基于1.2万人的数据调查显示，63.3%的调查对象在养老理财或投资中的目标是"确保本金安全第一位，收益多少不重要"。这种在资金安全性上的过度关注

会较大地影响养老金资产长期保值增值能力,也对养老服务金融产品的开发提供了诸多限制。比如,年金委托人对投资目标设定不合理,突出表现为"熊市要绝对收益、牛市要相对收益"或者"任何年份都不允许亏损"。

第三章
养老金融体系建设的国际经验

发达国家人口老龄化进程开启较早,较早面临养老金融问题,在养老金融体系建设积累了较多的经验。我们选取美国、英国、日本的养老金体系进行案例分析,其中美国是当今养老金储备最大的国家,英国是较早面临老龄化的国家,日本是当前老龄化水平最高的国家。

第一节 美国经验

美国于1942年进入老龄化社会,但得益于国际移民的持续增加,直到2013年进入深度老龄化社会。2009年后,随着战后婴儿潮人口逐渐老化,美国老龄化问题迅速加剧。1942~2009年,美国65岁以上人口占比从7.1%上升至12.9%,年均提高0.09个百分点;2010~2019年65岁及以上人口占比从13.1%增至16.5%,年均提高0.38个百分点。联合国预计美国将在2030年进入超级老龄化社会。

美国是世界上养老金规模最大的国家,20世纪70年代改革使得第二、第三支柱快速发展,1974~2019年养老金规模占GDP比重从37%升至163%,目前第一、第二、第三支柱比重为8.3∶53.9∶31.2。第一支柱为强制性联邦公共养老金计划,即社会保障计划

（OASDI），为居民提供基本养老生活保障；第二支柱为自愿型雇主养老金计划，包括 DB 计划和 DC 计划；第三支柱为个人养老储蓄计划，包括个人退休金账户计划（IRA）以及其他个人储蓄和投资计划。1974~2019 年，美国养老金规模从 415 亿美元增至 35 万亿美元，占 GDP 比重从 26.9% 增至 163%。第二支柱的 DC 计划和第三支柱 IRA 计划是美国养老金主体，目前二者合计占养老金比重约 60%。

一、第一支柱社会保障计划（OASDI）为以税代费，实行现收现付制，企业和个人分别缴纳 6.2%

OASDI 源于大萧条后的 1935 年《社会保障法》，分为养老及遗嘱保障（OASI）、残障保险（DI）。OASDI 由美国联邦政府统筹，采用现收现付制度，主要依靠联邦政府统一征收的社会保障税中的老年遗属及残疾保险税筹集资金，企业和个人分别缴纳 6.2%[①]，2020 年员工缴税基数上限为 14.28 万美元。2010~2019 年，随着战后婴儿潮人口逐渐老化，美国 65 岁及以上人口比重从 13.1% 快速升至 16.3%，OASDI 规模从 2.6 万亿美元缓慢增至 2.9 万亿美元，增速接近停滞（见图 3-1）。

二、第二支柱的 DC 计划在最近 40 多年快速发展，以 401（K）计划为主体

尽管 20 世纪 70 年代之前已存在雇主养老金计划，但现行计划的基础是 1974 年《雇员退休收入保障法》（ERISA）等，分为待遇

---

① 美国社会保障税分为老年遗属及残疾保险税、医疗保险税和失业税，企业分别缴纳 6.2%、1.45%、6%（合计 13.65%），个人分别缴纳 6.2%、1.45%、0（合计 7.65%，不负担失业税），即企业、个人分别缴纳的 6.2% 进入 OASDI。

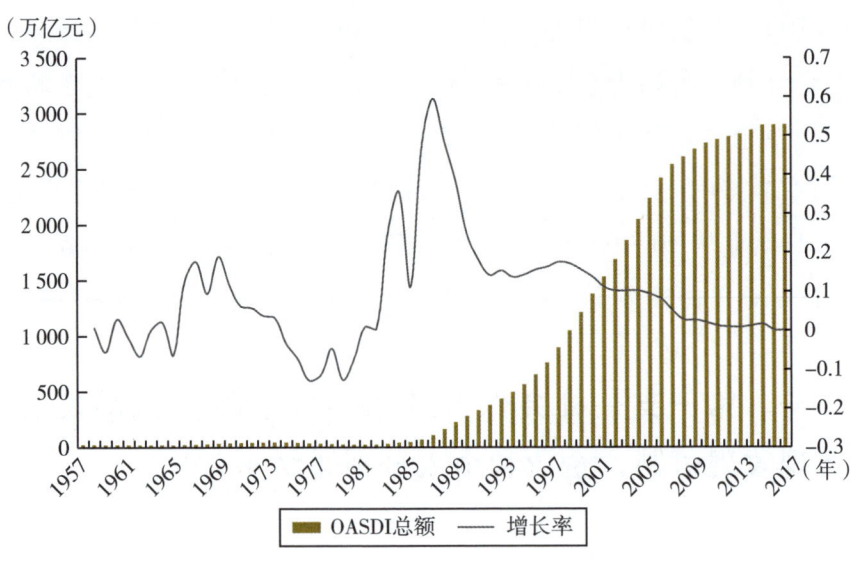

图 3-1 美国 OASDI 规模及增速

资料来源：美国社会保障管理总署（SSA）

确定型（DB）计划和缴费确定型（DC）计划。前者分为私人部门 DB、联邦政府和州政府 DB，后者分为公司雇员的 401（K）、教育以及非营利组织的 403B，以及政府的 457 和 TSP。由于雇员参与 DB 计划在领取养老金阶段面临企业破产风险等原因，1974～2020 年 DC 计划占雇主养老金计划比重从 20.2% 升至 47.9%，其中 401（K）当前在 DC 计划中占比超过 70%。

401（K）计划取名自 1978 年美国《国内税收法》新增的第 401 条第（K）项，实行账户积累制。《2006 年养老金保护法案》引入自动加入机制和合格默认投资工具（QDIA）机制。其中，自动加入，指凡是建立 401（K）计划的雇主均可以自动将雇员加入计划中，并设定比例直接扣除雇员税前收入从而为雇员缴费，雇员可通知雇主修改比例或不参加，并逐渐提高缴费率至目标水平。合格默认投资工具是指受托人在提供投资选项、而雇员未在 30 天内做出选择时，可将养老金投资于经过"严谨"筛选和监控的"合格"投资工具中,从而为雇主建立免责保障,免除其投资损失的财务责任。在企业缴费归属方面,401（K）计划存在三种时间机制:立即归属、最多3年全部归属、第2年到第6年从20%到100%渐进式归属。在税收政策方面,传统401（K）计划采用EET模式,雇主和雇员缴费能够获得税前扣除。雇主配比缴费免税额上限为雇员总薪酬的25%,雇员缴费免税额与通胀挂钩、2021年为19 500美元,其中50岁以上的可追加缴费最多6 500美元。除交学费、丧失劳动能力、严重经济困难等特殊情况外,规定最低提取年龄为59.5岁,否则面临补交个人所得税和10%的罚款,年满72岁必须开始领取。

三、第三支柱 IRA 资金主要通过接受第二支柱转存,发展迅速

1974年ERISA法案同样标志着IRA计划的诞生。IRA账户被赋予了转账功能,允许退休和变换工作的雇员将雇主养老金计划中的资产转存并继续享受税收优惠,目前96%的资金来自转存。2020年末,IRA计划总规模达到12.2万亿美元。目前包括五种类型,其中传统IRA和罗斯IRA为个人缴费型,SEP IRA、SAR-SEP IRA和SIMPLE IRA由雇主和雇员共同缴费（见表3-1）。传统IRA规模占比超过80%,要求加入年龄为16~70.5岁,领取条件与401（K）计划一致;采用EET模式,税延上限与通胀挂钩,2020年为6 000美元/年,50岁以上的可最多追加1 000美元。罗斯IRA于1997年设立,为TEE模式,无参加年龄限制,但限制高收入人群参加,开设账户满5年可提取本金,59.5岁可自由提取。

表 3-1　　　　　　　2020 年各类 IRA 基本情况

IRA 类型	创立年份	资产规模		持有家庭	
		金额（10 亿美元）	占比（%）	持有户数（百万户）	占比（%）
传统 IRA	1974	10 290	85	36.8	28.6
SEP IRA	1978	710	6	8.6	6.7
SAR-SEP IRA	1986				
SIMPLE IRA	1996				
罗斯 IRA	1997	1 210	9	26.3	20.5
合计		12 210	100	47.9*	37.3

注：*一些家庭同时持有多项 IRA 计划，有 13.8% 的美国家庭同时持有传统 IRA 和罗斯 IRA。

资料来源：ICI, The Role of IRAs in US Households' Saving for Retirement, 2020

四、投资方面，第一支柱养老金实行保守投资，第二、第三支柱养老金主要投向共同基金

OASDI 通过社会保障信托基金进行保守投资，仅限于本息全额担保的特殊债券。根据美国投资业协会（ICI）统计，2020 年底第二支柱的 DC 计划持有共同基金 5.7 万亿美元，占比 58.8%。其中，1994～2020 年 401（K）计划持有的共同基金资产由 0.18 万亿美元增至 4.4 万亿美元，占比由 27.3% 增至 65.7%。在第三支柱方面，2020 年 IRA 持有共同基金 5.5 万亿美元，占比为 44.7%。在共同基金配置中，以目标风险基金为主的养老目标基金快速发展。1993 年美国第一只目标日期基金 BGI 2000 FUND 推出后，越来越多的目标日期基金产品出现在美国市场上。2020 年末美国养老目标基金总规模 1.99 万亿美元。其中，目标日期基金 1.6 万亿美元，占比 80%；DC 计划和 IRA 计划是目标日期基金的重要投资者，规模分别为

1.06万亿美元和0.3万亿美元，合计占比85.4%（见图3-2）。

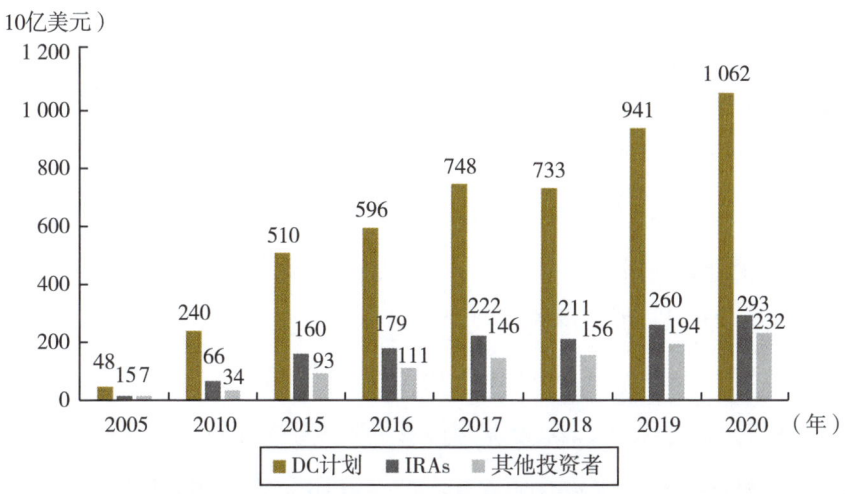

图3-2 不同账户类型目标日期基金规模

资料来源：ICI, 2021：2021 Investment Fact Book

美国私人养老金的发展与资本市场繁荣发展关系紧密。1980年以前，美国资本市场以散户化为主，道琼斯指数年度平均振幅33%，最大振幅101%；之后，由于机构投资者占比明显提高，1980~2019年年度平均振幅降至25%，期间最大值仅59%。1983~2019年美国私人养老金总资产、公募基金资产规模、股票总市值则分别由1.6万亿美元、0.3万亿美元、1.8万亿美元增至31.9万亿美元、21.3万亿美元、33.9万亿美元。

第二节 英国经验

英国较早面临老龄化问题，65岁及以上人口比重先后于1929年、1975年突破7%、14%，2019年为18.5%。英国国家统计局预计2026年老年人口占比将过超20%，2050年达24.8%。

第二次世界大战后，英国建立了以高福利为特征的社会保障体系，国民养老由国家主导；至20世纪80年代，以撒切尔夫人为代表的保守党政府对传统养老金制度进行改革，发展私人养老金以减少国家财政负担。此后经多次改革，英国养老金体系从政府主导逐渐转变为第一支柱公共养老金/国家养老金（nSP），第二和第三支柱私人养老金组成的三支柱体系。其中，私人养老金包括职业年金（DB计划、DC计划、混合计划）、个人养老金计划（存托个人养老金计划、SIPP等）。根据OECD初步统计①，2020年英国积累制养老金合计资产规模达到3.2万亿美元，仅次于美国；2009～2020年养老金资产占GDP的比重由72.6%增至118.5%，其中第二支柱职业年金占养老金规模的比例约80%。②

一、第一支柱国家养老金（nSP）主流缴费为企业13.8%、个人12%，实行现收现付制，领取金额统一，无关缴费水平

为解决历次改革导致的国家养老金体系复杂化、破碎化问题，英国政府于2013年提出为2016年4月6日及之后达到国家养老金领取年龄的人群引入新国家养老金（nSP），建立单一的国家基本养老金制度。从英国政府公共养老金制度改革的历程可以看出，公共养老金的定位是保障基本生存条件下的公平，为个人自主安排养老规划提供一个简单的基础。从缴费制度看，国民保险实行比例税率，

---

① OECD: Pension Markets in Focus 2020, https://www.oecd.org/daf/fin/private-pensions/global-pensionstatistics.htm

② 凯文米尔恩：《英国养老金资产管理经验借鉴与启示》，https://mp.weixin.qq.com/s/rt0JIEc2IklZEK28rncq4Q。

要求年满16岁且每周收入超过184英镑的雇员或年利润超过6 515英镑的自雇人士必须参加，未达到抵免标准的低收入人士可以自愿缴纳，缴纳情况与国家养老金和相关福利津贴领取资格挂钩。从计发条件看，全额养老金对应的NI缴款记录由30年提高至35年，领取金额统一，无关缴费水平，2021/2022财年的额度由每周137.6英镑提高至179.6英镑[①]；达到领取年龄[②]的人士可以选择延迟领取，每延迟5周，此后每周支付的养老金额度将会增加1%，每52周计为10.4%（见表3-2）。

表3-2　英国2021/2022纳税年度针对雇员的国民保险税率

（单位：%）

人员类型	雇员缴纳比例（每周）			雇主缴纳比例（每周）		
	120~184英镑	184.01~967英镑	967英镑以上	120~184英镑	184.01~967英镑	967英镑以上
其他所有人员	0	12	2	0	13.8	13.8
有权享受减少国民保险的已婚妇女或寡妇	0	5.85	2	0	13.8	13.8
超过法定退休年龄的雇员	不适用	不适用	不适用	0	13.8	13.8
已在另一份工作中支付的雇员	0	12	2	0	0	13.8
25岁以下的学徒	0	2	2	0	13.8	13.8
21岁以下的雇员	0	12	2	0	0	13.8
已在另一份工作中支付的21岁以下雇员	0	2	2	0	0	13.8

资料来源：英国政府官网，https://www.gov.uk/national-insurance-rates-letters

---

① 领取金额每年调整，调整幅度参照英国工资的平均增幅、CPI增幅或2.5%中的最高值。
② 2014年《养老金法案》要求政府每6年审查一次领取年龄。截至2020年10月，英国男性、女性SPA已提高至66岁，2026~2028年提高到67岁，到2037~2039年可能将提高至68岁。

二、第二支柱职业养老金 2012 年开始按企业规模分阶段实施"自动注册"后，参与率由 47% 提升至 2020 年的 78%，并设立全国职业储蓄信托（NEST）解决中小企业参与成本高和资金规模小造成的投资劣势问题

1993 年通过的《养老计划法案 1993》标志着英国正式在全国范围内建立职业养老金制度。2008 年《养老金法》规定，从 2012 年 10 月开始，按照企业规模从大到小的顺序，雇主必须将符合条件（在英国境内工作、年龄 22 岁至领取国家养老金年龄之间、年收入高于 10 000 英镑）的雇员纳入职业养老金计划，个人可在 1 个月内选择退出，但每三年重新加入一次。2010 年设立全国职业储蓄信托（NEST），提供六类基金选择（默认退休日期基金），旨在解决两个问题：一是中小企业、自雇人员等建立养老金计划成本过高、难以负担；二是由于中小企业等雇员人数少，单独建立职业养老金无法形成规模效应，在完全市场化的机制下不受商业机构重视，难以获得高质量服务。从效果看，到 2019 年 NEST 会员人数占"自动加入"职业养老金计划总人数的比例超过 60%，且会员人数和资产管理规模仍在不断提高。

从缴费制度看，2012 年开始分阶段实行最低缴费率，2012 年 10 月至 2018 年 4 月雇员和雇主的整体缴费比例为 2%（雇主 1%、雇员 1%），2018 年 4 月开始增长至 5%（雇主 2%、雇员 3%），2019 年 4 月增至 8%（雇主 3%、雇员 5%）。税收优惠采用 EET 模式，2021/2022 财政年度参保人的私人养老金账户（包括职业养老金和个人养老金）缴费免税额为当年收入与 4 万英镑的低值，账户总额则享有终生津贴（107.3 万英镑）的免税额；在领取时，可以一次性免税提取全部养老金价值的 25%，剩余部分与其他收入一起按照累进税率进行缴税。从参与率看，2012～2020年参与职业养老金计划的雇员比例由46.5%增至77.6%，其中DC计划的参与比例在2012年实施"自动注册"后显著提升，从7.0%增至28.3%（见图3-3）。①

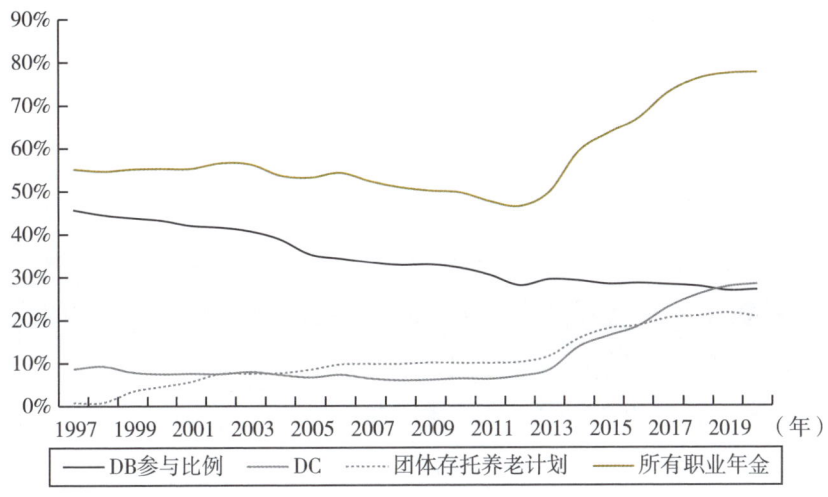

图3-3 2012年实施"自动注册"后职业年金参与率明显上升

资料来源：英国国家统计局

三、第三支柱主要为养老金个人账户的形式进行养老储蓄，包括存托养老金（SP）、自主投资型个人养老金（SIPP）

英国1986年社保法案首次推出"个人养老金计划"，国民可以选择建立完全属于自己的个人养老金账户，由保险或其他金融机构负责投资运营。存托养老金由1999年《福利改革与养老金法案》引

---

① ONS：Employee Workplace Pensions in the UK，https：//www.ons.gov.uk/employmentandlabourmarket/peopleinwork/workplacepensions/bulletins/annualsurveyofhoursandearningspensiontables/2020provisionaland2019finalresults。

入，2001年4月实施，是基于信托关系建立的养老金计划，可以由雇主提供，或由雇员自行购买，以低供款和低收费[①]为特色，限定投资选择；SIPP则以灵活的投资选择为特色，供款人可以自行选择和管理投资，投资选择也比其他养老金更丰富，包括公司股权、信托、商业地产或REITs等。个人养老金计划最大的特点在于：一是养老金账户享有税收减免政策；二是个人自主选择灵活，个体达到个人账户所规定的年龄，可以自由选择和支配账户价值。

以自主投资型个人养老金（SIPP）为例，在缴费方面，SIPP需以税后收入缴费，但可向税务局（HMRC）申请退税20%，这部分额度与职业养老金共用总计4万英镑免税额。但2018/2019年度之后，如果参保人私人养老金账户的缴费超过当年收入与4万英镑的低值，将不能享受税优。在领取环节，SIPP养老金参保人需等到至少55岁时才能取出，不过随着老龄化程度加深，将在2028年将最低领取年龄提高到57岁。具体领取有三种领取方式，即现金、终身年金、分期支付。参保人可以最多一次性免税提取余额的25%，剩余的75%部分需缴税。

四、在投资方面，国民保险基金（NIF）仅可存放银行账户或购买国债，私人养老金则实行审慎人原则

国家养老金投资方面，国民保险缴费在扣除当年国家养老金等支出后的余额通过NIF的形式进行统筹管理和投资运营。NIF投资的首要目标是保障自己的高流动性和安全性，账户只能存放债务管理账户（the Debt Management Account）获得利息收入或购买国债，

---

① 基金收费上限：前10年为养老金价值的1.5%/年，此后为1.0%/年，如果雇主以存托养老金履行"自动注册"义务，则为0.75%/年；https://www.moneyhelper.org.uk/en/pensions-and-retirement/pensions-basics/stakeholder-pensions?source=mas

基金收益率较低。作为第二支柱和第三支柱的私人养老金投资方面，英国政府对私人年金的投资监管实行"审慎人原则"，不设股票投资的上限，职业养老金受托人具有充分自由的资产配置和投资选择的空间。从投资类型看，英国职业养老金计划的资产主要由直接投资（Direct Investments）、集合投资工具（Pooled Investment Vehicles）和保单（Insurance Policies）构成。2020年底私营部门养老金计划（DBH+DC）的直接投资资产规模约1.1万亿英镑，其中属于长期投资的长期债券、股票、不动产、私募等产品约占89%。[①]

第三节　日本经验

日本在发达国家中较晚进入老龄化社会，但趋势迅猛。1950～2019年日本65岁及以上人口占比从4.9%快速增至28.0%。其中，1971年、1995年、2006年分别超过7%、14%、20%。当前日本老龄化程度高居全球第一，并且高于第二位的意大利近5个百分点。

日本养老金体系以公共养老金主导，改革滞后错过时间窗口。日本养老金体系的特色是以公共养老金为主导的三支柱养老金体系，公共养老金资产规模占GDP的34.7%（2020年财年）[②]，私人养老金占GDP的28.6%（2019年，OECD统计）。公共养老金规模明显高于私人养老金。在人口红利期，日本公共养老金运作良好，政府

---

① ONS：Financial Survey of Pension Schemes，https：//www.ons.gov.uk/economy/investmentspensionsandtrusts/datasets/fundedoccupationalpensionschemesintheuk。

② GPIF：Government Pension Investment Fund，https：//www.gpif.go.jp/en/performance/latest-results.html。

缺乏足够动力进行相关改革。20世纪90年代以来，人口快速老龄化和经济衰退使日本公共养老金收支状况逐渐恶化，但直到2000年后才陆续对养老金制度进行大幅改革，错过时间窗口。

一、第一支柱由国民年金（NPI）和厚生年金（EPI）两层组成，以现收现付制为主，规定对雇员无业配偶的保险费从雇员收入中扣除

日本的养老制度可追溯至明治维新针对军公教的"恩给"制度，1941~1959年养老金覆盖范围逐渐扩大到企业雇员、女性劳动者、农林渔业和自营业者，但按职业区分各类体系独立、抗风险弱。以1986年《国民年金法》等为基础，日本目前形成了国民年金（NPI）和厚生年金（EPI）两层公共养老金制度，要求所有20~59岁的人口必须参与NPI，按照职业和身份划分为三类：第一类是个体经营者、农民、大学生等，缴费定额制；第二类是EPI的参保人士自动获得NPI资格，包括5人以上的私营企业雇员、公职人员和教师等，缴费定率制；第三类是第二类参保人士的无业配偶，保险费从雇员收入中扣除。从缴费情况看，2004年日本政府以确保其财源持续性为目的，重点修改了保险费的缴纳额和保险金的给付标准。国民年金月定额缴费从13 300日元逐渐提高到2017年的16 900日元；厚生年金月保费率由14.996%每年递增0.354%，至2017年开启固定为18.3%，企业和个人分别9.15%。从计发条件看，在连续缴费10年后，NPI和EPI的参保人到65岁时可以开始领取国民年金，2019年平均每月可领取全额分别为5.6万日元和14.9万日元，额度根据物价和平均工资于每年4月进行调整。

二、第二支柱职业年金体系复杂，以企业退休奖励的退职金为主导、员工无须缴纳

受养老金计划历史沿革和终身雇佣制文化等影响，日本职业年金体系较为复杂，目前主要包括退职金（LSSB）、中小企业退职津贴共济金（Chutaikyo）、DB 计划和 DC 计划。LSSB 是日本企业中占比最大的养老金计划，是企业为员工设立的退休奖励，类似延迟工资，员工无须缴纳，但企业破产时可能无法给付；在领取时不与其他收入合并计税，应税所得额为扣除额度后的 50%。根据日本厚生劳动省调查，2018 年约 77% 的企业实行 LSSB 计划。Chutaikyo 于 1959 年建立，对象是中小企业员工，由日本厚生劳动省监管下的独立法人员工退职金共济机构负责管理和投资，个人税前上限为 3 万日元/月；2012 年废除"适格退职年金"后，相当一部分原参保单位尤其是中小企业转移至该计划。2001 年，日本对企业年金进行改革，规划了新的 DB 型企业年金，分为合同型和基金型；并参考美国 401（K）计划，引入 DC 型企业年金。2018 年 DB 型、DC 型年金净资产规模分别为 62.4 万亿日元、14.4 万亿日元，参与人数分别为 940 万人、688 万人[①]。

三、第三支柱个人养老金计划启动晚，以个人储蓄账户计划（NISA）为主体，其中包括少年 NISA、成年 NI-SA 和积蓄式 NISA

日本第三支柱包括 2001 年设立的个人型 DC 计划（iDeCo）和

---

① 日本厚生劳动省官网，https://www.mhlw.go.jp/content/000520816.pdf。

2014 年设立的个人储蓄账户计划（NISA）。截至 2021 年 3 月，个人养老金计划规模约为 26.4 万亿日元，占 GDP 的 4.9%；其中，iDeCo 和 NISA 的资金规模分别为 3.0 万亿和 23.4 万亿日元。[①] iDeCo 必须正常缴纳国民年金才能参加，自行向国家养老金基金联合会缴纳缴费金，根据职业不同的最高缴费限额在每年 11.4 万～81.6 万日元；税收优惠采取 EET 征税模式，年满 60 岁才可领取。NISA 本质为专为投资及投资相关金融工具所设立的小额免税账户，向银行、证券申请开户，采用 TEE 模式，在日本资本利得税 20.315% 背景下吸引力较大。其中，一般 NISA 账户针对 20 岁以上的居民，可购买股票、ETFs、REITs、投资信托基金等，每年投资限额 120 万日元，免税期 5 年。2016 年开始的少年 NISA 每年投资限额为 80 万日元，免税期 5 年，到 20 岁后自动转为一般 NISA 账户。2018 年开始的积蓄式 NISA 范围为 20 岁以上居民，投资标的主要为部分指数型基金，每年投资限额为 40 万日元，免税期限 20 年。

四、从资产管理看，公共养老金投资从保守型向高风险偏好转变，2001～2020 年股票配置占比则由 24.0% 升至 51.1%；年金投资主要采取被动策略

在第一支柱方面，2001 年以前，日本公共养老金主要用于对财投机构的贷款和购买政府债券，2000 年占比分别为 78.7%、19.7%，由于经济泡沫和管理不善导致大量"呆坏账"。2001 年 4 月，日本政府改革公共年金管理体制，由厚生劳动省成立 GPIF 负责市场化管理。2006 年 GPIF 成为独立法人机构，尤其下设的执行部

[①] iDeCo 数据参见日本 iDeCo 官网 https：//www.ideco-koushiki.jp/library/status/，NISA 数据参见日本金融厅官网 https：//www.fsa.go.jp/policy/nisa/20210716.html。

委托信托银行和投资顾问公司参与 GPIF 资产的市场化运营。从投资构成看，GPIF 逐渐向高风险偏好转变，股市配置比例提升。2001~2020 年，GPIF 的国内外流动性和固收型资产占比由 72.4% 降至 48.9%，国内外权益型资产合计占比则由 24.0% 升至 51.1%。从投资回报看，2001~2020 年 GPIF 加权平均投资回报率为 3.61%。[①]

在第二支柱方面，日本企业年金在资本市场投资中主要采取"被动投资战略"。在每年的基金投资组合中，债券投资中的 60% 以上和股票投资中的 70% 以上实施被动的投资战略，主要跟踪 TOPIX、JPX、MSCI-J、MSCI-JS 等指数。2018 财年，投资组合中的被动投资资产占比达到 77.9%，而主动投资资产占比仅为 22.1%。

第四节　启　示

一、拖延养老金融体系建设只会使困难累积、成本增加，必须尽早抓住时间窗口

美国 1974 年《雇员退休收入保障法》（ERISA）启动的养老金制度改革，使得第二、第三支柱快速发展，1974~2019 年养老金规模占 GDP 比重从 37% 升至 163%。英国 1986 年社保法案推出"个人养老金计划"，并鼓励雇主机构设立确定缴费型（DC 型）养老金计划，1993 年《养老计划法案》正式在全国范围内建立职业养老金制度并在之后不断优化。日本在人口红利期缺乏足够动力推进养老金制度改革，20 世纪 90 年代人口快速老龄化和经济衰退致使日本公共

[①] GPIF：2020 年度的运用状况，https://www.gpif.go.jp/operation/the-latest-results.html。

养老金收支状况日渐恶化，日本政府迟至 2000 年后才被迫多次实施养老制度改革，但因错过时间窗口，改革成效不及预期。

二、丰富参与选项、引入自动加入机制、提供默认投资选择、推进税收优惠共享和提高账户便携性等有利于个人养老金建设

参与选项方面，美国、英国、日本的私人养老金种类丰富。企业年金方面，均包括确定待遇型（DB）计划、确定缴费型（DC）计划，其中个人缴费享受税延优惠的 DC 计划发展迅速。个人养老金方面，美国分为五种，日本分为三类。加入机制方面，美国《2006 年养老金保护法案》引入自动加入机制和合格默认投资工具（QDIA）。英国 2008 年《养老金法》要求从 2012 年开始分企业规模、分缴费水平逐渐强制实行自动加入，并于 2010 年设立全国职业储蓄信托（NEST）方便中小企业和自雇人员参与。税收优惠方面，英国当前规定私人养老金账户（包括职业养老金和个人养老金）缴费享有每年最高 4 万英镑的免税额，账户总额则享有 107 万英镑的总免税额。在便携性方面，美国第二支柱 401（K）和第三支柱 IRA 计划都具有灵活的账户转移功能，个人的 401（K）账户余额既可以转移至新企业的 401（K）账户，也可以转至个人的 IRA 账户，同时继续享受税收优惠。目前，美国第三支柱 IRA 计划 96% 的资金来自转存。

三、养老金融建设与资本市场建设可互利共赢

美国、英国公共养老金规模小、严格限定投资范围，对私人养老金实行审慎监管。日本养老金体系以公共养老金为主，公共养

金投资从保守型向高风险偏好转变。总体看，养老资金相对于个人投资者，可持有更高比例的长期资产，其长期投资行为和避险需求有利于降低股票市场的波动性，促进资本市场的健康繁荣发展。1980年以前，美国资本市场以散户化为主，股市波动很大。1960~1982年道琼斯工业指数年均增长仅1.6%。但随着20世纪70年代启动的养老金改革，大批养老金入市逐渐使得美国资本市场转向以机构投资者为主，进而推动美国资本市场走向慢牛长牛，同时也促进了养老金保值增值。1983~2019年，美国道琼斯工业指数年均增长达9.0%。

第四章
小　　结

一、制度层面建议

（一）以保基本为原则提高第一支柱可持续性，以广覆盖为原则，并通过财税政策、投资预设制度、便携性等大力发展第二、第三支柱

对第一支柱，大力实行积极生育政策以提升总和生育率，尽快推进渐进式延迟退休政策，提高最低缴费年限至 20 年以上，实行早减晚增带有激励性的退休领取政策等，逐渐做大做实基本养老保险个人账户，继续推动基本养老保险全国统筹和国有资本划转社保，降低基本养老保险费率为个人养老金发展提供空间。

对第二支柱，对符合一定条件的职工实行自动加入、选择退出机制，并按照企业规模从大到小分阶段逐渐扩大参与范围，逐渐提升企业和个人缴费率至目标水平，并设置合格默认投资选项（QDIA）；建立国家层面集合计划平台以便于中小企业和非正规就业人员等参与，降低其参与成本高和单独建立年金计划缺乏规模效应等问题，并提供基于缴费人年龄的系列默认基金以及其他基金选项；缩短企业缴费部分归属个人账户的期限上限从现行最长 8 年缩短至 5 年以内。

对第三支柱，以账户制为基础建立全国统一信息平台，丰富账户类型设计，明确界定合格金融产品标准，设置不同风险偏好的投

资组合选项,并打通第二、第三账户,促进税收优惠、投资管理、缴费、账户记录和基金转移接续。

将税收政策完善为财税政策。一是对中小企业参与企业年金实行更优惠的税收政策。二是在提高实行第二、第三支柱个人综合税优额度基础上,实行第二、第三支柱个人年度额度和终身额度上限政策,并对未能加入企业年金计划的个人,可将第二支柱的个人缴费税前扣除额度让渡给第三支柱个人储蓄型养老金。三是通过扩大综合所得范围、推进以家庭为单位征收以扩大个税缴纳覆盖面进而提升第三支柱税延激励效果。当前缴纳个税人群仅7 000多万,将财产、资本所得逐步纳入综合所得,并以家庭为单位征收,将进一步扩大缴纳个税人群的覆盖面。四是建立对低收入人群的缴费配比机制以提高参与度。若只是提高税优额度,第三支柱将成为中高收入人群的福利,不利于社会公平。应结合各地经济发展水平、政府财力建立针对低收入人群的缴费配比机制,在一定额度下鼓励多缴,充分发挥财政资金的杠杆效应。五是参照基本养老保险、社保基金投资业务税收政策,明确对年金、合格个人养老金融产品投资业务的利息收入和金融商品转让收入免征增值税。

投资管理从限量监管逐渐转变为审慎监管。审慎监管是由受托人根据机构自身的负债属性、风险偏好,基于审慎人原则,自觉自主决定投资范围、投资工具、投资比例、投资限制。美国、英国对规模小的第一支柱养老金仅限于投资特定稳健资产,但对第二、第三支柱养老金均实行审慎监管。日本公共养老金占比超50%,公共养老金投资在2001年后逐渐从保守型向高风险偏好转变,2001~2020年股票配置占比则由24.0%升至51.1%。建议:在投资范围方面,在风险可控的前提下,逐步放开对养老金的境外投资限制。在品种方面,逐步扩大权益投资、另类投资、产业投资范围,考虑纳入黄金等大宗商品,在中保登注册登记的资产支持计划。在进入门槛方面，适当降低金融机构净资产、注册资本等绝对门槛，更关注长期业绩表现和信用风险防控能力等指标，扩大准入金融机构容量，鼓励合格市场主体参与竞争，以提高养老金投资管理的经营能力、投资分散度、策略丰富度。

（二）出台个人养老金融产品政策

一方面，多部门联合出台政策，对个人养老金融产品的基本产品标准、业务范围、从业机构、服务标准、业务流程等内容进行统一界定和规范，并继续清理名不副实产品。另一方面，针对不同金融领域的产品，有关监管部门可进一步出台细化意见。

（三）破解养老产业投融资政策限制

进一步推动落实营利性和非营利性养老机构享受同等优惠政策，全方位解决民非养老机构转企的机制问题。推动土地管理部门和物权登记机关统一养老用地抵押登记标准，在土地性质及使用方式上适当突破，缓解养老用地价值低、变现难问题。尽快推动民非养老机构贷款享受普惠金融政策，实行更优惠的贷款利率。发挥政府性融资担保机构的作用，支持全国性养老领域担保机构设立，探索增信集合债券等创新工具。在基础设施领域公募REITs试点的基础上，鼓励开展养老REITs试点，明确设立条件、物业估值、投资标的、收入来源、分红比例、信息披露、税收要求、监管职责等，扩大医保使用范围，出台专门税收优惠并避免重复征税。参考西方国家CCRC（持续照料退休社区）和AAC（活跃长者社区）模式，减免自持养老社区房产税。当前在美国前十大养老机构拥有者中，REITs公司和私募基金占绝对主流地位，有5家均采取REITs形式。

（四）建立高层次的养老金融政策协调机构

建议成立国务院养老金融体系建设小组，职责涵盖养老金体系建设、养老金融产品和服务建设、养老产业金融支持等，在上述协调机构下对养老金融体系建设实行统一政策、统一监管、统一管理，规范市场行为、防范风险、防止机构套利。

二、金融机构层面建议

（一）加大 ESG 投资探索实践

ESG 投资理念在全球快速兴起，并在国际资管行业逐渐成为一种主流的投资理念和投资策略。ESG 投资的要义是追求长期、稳定、可持续，同时尽可能提高效率，这与养老金的资金特性相契合。目前立足国情的 ESG 核心理念和目标有待明确，政策框架建设、信息披露制度、配套激励机制、投资机制等均有待完善。建议在立足国情持续优化 ESG 的政策环境基础上，加快明确核心理念和目标，加快完善信息披露制度，建立投资管理评价体系，加强投研团队建设，加快发行 ESG 养老产品。

（二）从全生命周期特征产品创新、适老化改造、整合资源打造"金融+"生态等方面加大个人养老金融产品供给

加强长寿风险研究，根据不同阶段的风险偏好、财富积累、收入现金流等特征，形成不同年龄客群的差异化、系统化产品组合。加大金融科技应用，针对养老客户资金安全顾虑、服务内容和使用体验等方面的特殊需求，适老化改造线上线下服务方式，破解老年客户"数字鸿沟"难题，构建便利化、智能化的适老金融服务体

系。充分发挥不同金融机构比较优势，积极引入第三方商户权益，围绕养老客户全方位需求，探索打造"金融+"普惠性养老综合服务生态体系。

（三）加大养老产业金融支持探索

对保险机构，大力发展养老机构综合责任保险，为养老机构运营提供风险保障；发挥保险资金长期投资优势，以投资新建、参股、并购、租赁、托管等方式，积极兴办养老社区和养老服务机构，并推动各种社会养老资源的优化整合，提升专业化综合服务水平；在风险可控的前提下，通过股权、债权、基金、资产支持计划、保险资产管理产品等多种形式，为养老服务企业及项目提供中长期、低成本的资金支持。对商业银行，建立符合养老服务行业规律的专项信用评级模型，实现对养老机构经营和财务指标的精准预测，提升借款人第一还款来源可信度；积极引入担保机制，创新动产、不动产、股权、床位收费权等抵押担保模式，拓宽养老项目融资担保范围；综合考虑养老服务业经营要素，对抵/质押率、流贷资金使用用途、经营期限等适当调整要求。

三、居民层面建议

（一）以监管部门指导、行业协会主导，制定养老金融教育规范，全面开展养老金融投资者教育，树立全民养老规划理念

养老金融投资者教育内容应包括人口老龄化形势、国家养老金政策法规、养老理财规划、养老金投资策略与技巧、养老金融产品特点与购买方法、金融与投资知识等。监管部门和行业协会要基于不同年龄人群的特点和需求，采取多元化的工作方案将养老金融教

育贯穿人的整个生命周期，全面落实"养老从青年规划、养老从中年积累、养老从晚年享受""长期投资长期收益、价值投资创造价值、审慎投资合理回报"等理念。

（二）积极推动将包括养老金融在内的投资者教育纳入国民教育体系

充分发挥学校的基础教育作用，将养老金融投资者教育定位为重要的常识性知识，体现在初中等教育、高等教育阶段的教育规划中，适当增加投资者教育相关课程，广泛普及养老金融知识，以学生带动家庭、以家庭带动社会。

（三）充分发挥多主体作用，多种渠道积极宣传养老金融知识

一方面，行业协会应进一步健全会员投资者教育服务自律规则，推动金融机构积极承担各项产品和服务的投资者教育义务，切实保障投资者的知情权、参与权、求偿权和监督权。另一方面，通过多主体合作丰富养老金融教育活动，除主题宣讲、公共场所集中宣传、课堂培训、知识竞赛、互动评选等形式外，还可考虑通过电影、电视剧等文艺创作，以及微博、公众号、短视频等新媒体渠道拓宽养老金融知识宣传渠道。

实践探索篇

专题一
银行保险业推动养老保险体系建设

第一节　第三支柱个人养老产品与服务[*]

养老保障作为关系国计民生的大事，正迎来新的发展机遇。2020年我国GDP首次突破100万亿元大关，同比增长2.3%，人均GDP达到72 447元。人民富起来了，对生活品质的要求随之持续提高。老有所养、养老无忧是每个人的实际需求和美好愿望。为实现这一愿景，需要在党和政府的精心规划下，市场主体砥砺奋进，为人民群众提供丰富的养老产品和服务，繁荣养老市场，共同将群众的养老需求转化为实实在在的养老保障。

一、我国养老三支柱建设概况

（一）养老三支柱发展前景广阔

我国是世界上人口老龄化程度较高的国家之一。根据第七次人

---

[*] 本节源自中国保险资产管理业协会出版的《中国保险资产管理》2021年第4期（总第36期）。作者：新华养老保险股份有限公司姜京、黄登稳、王茜。

口普查数据，2020年末，全国60岁及以上人口2.64亿，占总人口的18.7%，远超过联合国界定的老龄化社会标准（60岁以上人口达到总人口的10%）。据预测，中国60岁及以上老年人口将在2025年达到3亿，2035年超过4亿，并在2050年接近5亿；60岁及以上人口比例将在2050年超过35%。同时，2020年我国总和生育率降至1.3，人口老龄化加速和低生育率的风险叠加，对我国经济社会的发展带来长期挑战，也为我国养老三支柱事业的发展带来巨大机遇。

习近平总书记指出，满足数量庞大的老年群众多方面养老保障需求、妥善解决人口老龄化带来的社会问题，事关国家发展全局，事关百姓福祉。"十四五"规划提出"发展多层次、多支柱养老保险体系，提高企业年金覆盖率，规范发展第三支柱养老保险"，以增进民生福祉，养老第三支柱事业将开启新征程。

（二）养老三支柱发展整体情况

目前我国养老三支柱保障体系存在结构不平衡、发展不充分的问题。第一支柱基本养老保险规模一支独大，按现收现付制运行；随着老龄化程度加深，收支缺口将逐年增加，远期财政可能面临持续性的财务压力。第二支柱企业年金、职业年金覆盖范围较小，补充保障范围有限。第三支柱刚起步，前景广阔，也面临诸多挑战。

截至2020年末，第一支柱养老基金规模估算约5.8万亿元①，覆盖近10亿人，在三支柱体系中占绝对主体地位。第二支柱企业年金、职业年金合计规模约3.6万亿元，近年来受职业年金全面开展、投资运作影响，其规模增长迅速。其中，企业年金接近2.25万亿元，覆盖约2 718万人；职业年金约1.35万亿元，覆盖约4 235万

---

① 不含社保基金理事会管理社保基金资产约2.8万亿元和央企、中央金融机构划转国有资本1.68万亿元。

人。目前全国范围的企业年金业务已运作成熟，全国各省份均已确定职业年金受托与投管人，预计第二支柱年金规模将进入平稳增长阶段，增量主要来源于已有组合资金增量和投资收益。第三支柱个人税收递延型商业养老保险累计实现保费收入4.26亿元，参保人数4.88万人。我国三支柱养老金规模合计约9.4万亿元，占GDP比例约9.3%。国际上OECD按各国GDP加权的平均养老金资产占GDP的比例为82.3%（2018年），相较而言，我国养老金市场还有着巨大的发展潜力。

二、养老第三支柱发展情况及面临的挑战

（一）不断探索适合我国国情的个人养老产品

为贯彻落实党的十九大精神，推进多层次养老保险体系建设，各金融行业都对养老第三支柱进行了有益探索。2018年4月财政部、国家税务总局、人社部、银保监会、证监会联合发布《关于开展个人税收递延型商业养老保险试点的通知》，自2018年5月1日起，在上海市、福建省（含厦门市）和苏州工业园区实施个人税收递延型商业养老保险试点。对试点地区个人通过个人商业养老资金账户购买符合规定的商业养老保险产品的支出，允许在一定标准内税前扣除；计入个人商业养老资金账户的投资收益，暂不征收个人所得税；个人领取商业养老金时再征收个人所得税。

2018年3月，中国证监会发布《养老目标证券投资基金指引》（试行），标志着养老基金产品进入试行运作阶段。截至2021年3月，养老目标日期和风险基金共发行129只，基金规模接近700亿元。

2021年5月，中国银保监会发布《关于开展专属商业养老保险试点的通知》，自6月1日起，6家人身险公司在浙江、重庆开展专

属商业养老保险试点,以满足新产业、新业态从业人员和各种灵活就业人员的养老需求。专属商业养老产品交费方式更为灵活;采取"保证+浮动"的收益模式,为消费者提供不同的投资组合;明确年满60岁方可领取养老金,引导消费者长期积累养老金,鼓励长期终身领取。

2021年9月,中国银保监会发布《关于开展养老理财产品试点的通知》,自9月15日起,四家银行理财公司在四地开展养老理财产品试点。

(二)养老第三支柱发展面临的挑战

1. 税收优惠政策覆盖人群有限

个税递延型商业养老保险首次尝试以税收为激励手段,鼓励个人进行养老储备;从试点情况看,税收优惠政策覆盖人群比较有限。自2018年10月1日起实施个税"起征点"提高至每月5 000元等部分减税政策后,国家税务总局数据显示,个人所得税改革实施首月,全国个人所得税减税316亿元,有6 000多万税改前的纳税人不再缴纳工资薪金所得的个人所得税。起征点提高后,税收优惠政策对个税递延型商业养老保险的激励效果不足。

2. 个人缺乏养老规划意识

近年来,我国基本养老保险替代率逐渐下降。根据毕马威测算,2018年我国基本养老保险替代率约48%,今后可能还会延续下降趋势。世界银行建议,要维持退休前的生活水平不下降,养老金替代率应该不低于70%。目前,我国个人养老金替代率偏低,对个人晚年退休生活费用支出的充足性带来挑战,也给国家增加了养老负担隐患。现阶段大多数年轻人缺乏体系化的养老资金规划,认识不到定期积累养老资金的重要性和紧迫性,更多关注当期消费,长此以往,对国家和社会将造成巨大的隐性养老负担。

3. 缺乏统一的账户管理

目前，我国缺乏统一的三支柱个人养老金账户管理平台。个人的养老储蓄和投资，分散在不同机构、不同账户平台终端。例如，个人在银行销售终端购买银行理财产品，在保险销售终端购买保险产品，在公募基金等销售终端购买基金，通过线下实体网点购买信托产品和券商资管产品等。各种金融产品分散于不同行业、不同公司以及不同的终端平台，增加了个人养老投资选择和管理困难，也增加了监管部门的统筹难度，不利于国家统一规划个人养老第三支柱事业发展。

4. 缺乏长周期养老资产管理方案

养老资金管理跨越个人生命周期的不同阶段，具有资金周期长、阶段特征差异大的属性，需要制定形成长周期的养老资产管理方案。目前金融机构提供的产品仅能满足部分投资者、部分生命阶段的需求。如何形成充足的养老投资资产储备，如何根据生命阶段进行资产配置，实现养老资产管理与养老规划需求的契合，考验着养老资产管理机构的投研能力和管理水平。现价段，各行业金融机构都在探索养老投资产品和方案，在实际行动中，各机构都会站在自身的角度，去发挥比较特色优势。

三、秉持初心，共同建设养老金融创新的新图景

发展养老第三支柱事业，应以普惠制为宗旨，以个人养老金专属账户为基础，实行养老资金积累制，坚持"政策引导、市场运作、专业管理、强力监管"原则，覆盖更广泛人群，提高个人的养老资产储备，对基本养老保险和企业年金、职业年金形成有益补充。

（一）以账户制为基础的顶层设计指明养老金融的发展方向

1. 建立个人养老金专属账户是构建养老第三支柱发展的基石

人社部表示，将建立以账户制为基础、个人自愿参加、国家财政税收上给予支持，资金市场化投资运营的个人养老金制度。建立人人享有的个人养老金专属账户，保持账户的唯一性和真实性，为未来三支柱协同发展、放大政策杠杆作用提供了可能。建立个人养老金专属账户可考虑自动加入机制，建议将基本养老保险中企业缴费的一定比例（比如1%）划转至第二支柱企业年金账户，使尚未建立企业年金的企业自动加入；个人缴费的一定比例（比如1%）划转至第三支柱个人养老账户中。如此有利于降低第一支柱基本养老保险的占比，扩大第二、第三支柱的覆盖面，使人民群众尤其是新业态从业人员和各种灵活就业人员，切实感受到个人养老账户的真实可触达，提高政策的普惠性；同时，鼓励个人在享受一定财政税收优惠政策的支持下，缴纳一定金额进入该账户购买各类个人养老金融产品。建立个人养老金专属账户应打通第二、第三支柱之间的养老资金隔离，第三支柱个人养老账户可承接第二支柱甚至第一支柱归属个人部分的养老金转移，实现不同支柱个人账户间养老金转移的畅通，支持不同性质用人单位之间的人员流动。个人养老金专属账户的建立有利于丰富养老金融产品和服务的供给，培育、壮大养老金融市场，使市场主体充分地参与到养老市场中，为人民群众提供更优质的养老金融产品和服务。

2. 个人养老金专属账户的普及是培养公众树立养老规划意识的有效手段

针对个人养老资金配置分散、缺乏统一规划的难题，专属的养老账户是普及养老知识、提高养老规划效率、便捷管理养老资产的有力抓手。通过养老账户的管理，引导人民群众长期积累养老资金，合理安排个人养老财务计划,既有利于减轻国家基本养老保险的财政负担,又有利于提供全生命周期的顾问式陪伴,增强人民群众养老无忧的获得感。

(二) 丰富养老金融产品需要市场主体发挥所长、充分参与

1. 丰富个人养老账户中的金融产品供给是满足人民群众养老需求的重要保障

不同行业、年龄层、收入层的群体对风险的认知、收益的要求、金融知识的丰富程度甚至品牌的偏好都存在巨大差异,不存在一只养老金融产品包打天下的情况,每只养老金融产品都有可覆盖的需求群体。面对纷繁复杂的市场需求,只有充分丰富个人养老账户的金融产品供给,才有可能满足广大人民群众的养老需求。因此,需要不同细分市场的金融机构不忘初心、牢记使命,充分参与到养老金融产品供给中,各尽所长,充分发挥各机构的差异化优势,百花齐放,共同繁荣养老金融产品市场。

2. 满足生命周期不同阶段需求的养老金融产品规划是商业养老金融机构的发力方向

按照生命周期理论,人的生命阶段大致可分为成长期、工作期和退休期。工作期是个人财富快速积累阶段,也是为退休期储备养老资产的阶段,是养老资金的积累期;进入退休期,丧失工作性收入,主要依靠个人工作期间积累的养老财富生活,是养老资金的领取期。按照积累期和领取期的划分,积累期的金融产品以养老资金的保值增值为目的,获取投资收益,抵御通货膨胀,包括理财、基金等资产管理类养老产品和专属养老保险产品等各类金融产品。领取期则要求领取周期长且灵活便捷,抵御长寿风险,安全稳健,金融产品应更多考虑领取人的实际需求。2020年,中国银保监会在国务院政策例行吹风会上提出"创新发展提供具备长期直至终身领取

功能的养老年金保险，特别是能够与其他养老金融产品所积累的养老资金有效对接的即期年金产品"，探索现金给付和服务给付相结合的多样化领取方式，例如"探索在风险有效隔离的基础上以适当方式将养老金领取安排与老龄照护、养老社区等服务有效衔接"。

（三）长周期养老资产管理需"风物长宜放眼量"

1. 拓宽养老资金的投资范围，满足不同风险偏好的资产负债匹配要求

根据不同风险偏好、风险承受能力的客户群体对养老资金的规划和收益要求不同，不同收益风险特征的产品需要匹配不同属性的资产。养老资金投资应遵循安全性、长期性、收益性原则，长期以来，养老保险公司等养老金融机构积累了丰富的大类资产配置经验，在股票、债券、股权、不动产、基础设施、金融衍生品等多资产投资领域具有良好的投资能力和丰富的投资管理经验。2020年，第二支柱企业、职业年金进一步扩大了投资范围，提高了权益资产投资比例，放开了港股通标的股票，对全球范围的资产配置进行了初步尝试。放眼全球来看，很多发达经济体的养老金都在全球范围进行丰富的资产配置，以获取更高收益，对冲单一市场风险。多元的资产类别是呈现不同收益风险特征产品的基础，未来我国养老第三支柱的发展也需要广泛的优质资产标的，以达到收益与风险的最优平衡。

2. 养老资金投资国家长期发展战略领域和资产，获得经济增长收益

根据国外发达经济体的发展经验，养老金是资本市场的基石投资者，长期养老资金在资本市场中起到"压舱石"的作用。在我国资本市场中，养老资金投资和服务于国家长期发展战略领域是必要选择，例如碳达峰碳中和、高端制造、"一带一路"等领域，与优

秀企业共同成长，收获经济增长带来的长期回报。如此，不仅为产业升级提供优质长期资金，也为人民群众养老资金的保值增值带来保障。

3. 开创养老主题优质资产，长钱长投、服务养老实体经济发展

养老资金由于其长期属性，在资产配置方面面临着长期优质资产荒的困境。探索发展养老主题的优质长期资产，将养老的长钱投入养老基础设施建设、养老科技研发创新、养老医疗服务等领域，促进养老主题金融资产的创新和发行，如养老主题债券、债权/股权计划、养老社区REITs、养老信托等，形成融投互促正循环，吸纳更多社会资本，打造共建共享养老新格局，切实壮大养老产业链，为人民群众的养老提供更多优质的产品和服务。

（四）打通养老服务痛点，让养老金融服务更温暖贴心

1. 探索一体化康养服务采购，监督养老服务质量，全心全意为人民养老事业服务

个人在与机构的商业交易中往往处于弱势地位，容易发生"店大欺客"的纠纷，一旦这种现象发生在养老服务中，损失的不仅仅是金钱，更侵害老年人的健康与尊严。现阶段对养老服务的监督往往落在子女身上，但是随着中国家庭规模小型化，这一责任必将有所转移。商业养老金融机构作为养老资金的财务管理者，本着以"客户养老需求和利益"为中心的原则，可以探索开展一体化康养采购服务，同时对养老服务质量起到监督作用。如此，不仅有利于集中优质养老资源，降低交易成本，更有助于以第三方机构的视角，全面、客观、量化评估养老服务质量，平衡养老服务交易中的博弈力量，帮助老年人维护权益，使老年人安享有品质、有尊严的老年生活。同时，配合金融监管部门和市场监管部门共同完善养老服务标准，促进养老服务产业提质升级，实现多方共赢。

2. 根据不同的养老需求探索提供不同层次的养老服务

将养老金领取方式的多样化与养老金受益人的身体特征关联起来。将居家养老、社区养老、机构养老三种方式有机结合起来。对于身体条件良好的活力老人，可提供多样化的领取方式，如现金领取、延迟领取以及旅居文娱等部分服务化领取等。对于生活能够自理的居家养老人群，可提供部分服务化领取，如集中采购居家适老化改造、服务人员上门服务等，将养老金服务化领取与日常生活有机结合。对于失能等生活无法自理、需要专业化机构照看的人群，更适合提供集中采购康养服务的完全服务化领取方式，将服务采购与质量监督紧密结合，使养老资金真正发挥养老作用；也为康养机构提供稳定的客源和收入，促进其稳健经营，提供更优质的服务。

3. 科技赋能智慧养老，提升人性化、个性化的养老服务体验

科技的发展让过去难以精细化、个性化的养老服务正逐渐贴近现实。个人养老金专属账户通过科技赋能使得账户管理、信息查询、智能化投顾服务、产品筛选等功能更加便捷、高效、准确。伴随物联化、互联化、智能化发展，可监测身体机能的可穿戴设备越来越便捷化、低成本化，远程监控和服务功能、智能提醒和警报功能、数据分析和质量评价等功能得以实现，智慧养老信息技术的运用将带动个性化康养管理服务不断升级。全程留痕的、精准化的数据管理不仅有助于提升养老金融的基础建设，多维度增加数据积累，而且有助于提高效率，降低成本，丰富服务内容，提升服务质量。

第二节　保险资产管理公司养老金市场发展定位[*]

一、保险资管公司参与养老金市场投资管理现状

"养老金"是"养老保险基金"的简称，目前主要包括全国社会保障基金、基本养老保险基金和企业（职业）年金。因其涉及国计民生又具备长期积累、相对稳定的特点，各国政府和参与管理的金融机构都对其高度重视。养老金普遍采取市场化投资运营模式，是资本市场上最大的代际理性投资者，既可以通过一级市场投资，直接服务实体经济；也可以通过二级市场买入持有，成为市场的"压舱石"，实现养老金与资本市场的良性互动。

全国社会保障基金，由专门设立的全国社保基金理事会负责受托运营管理；基本养老保险基金由全国社保基金理事会委托有资质的专业机构进行集中投资；企业（职业）年金采取更为市场化的模式，委托有资质的专业机构投资管理；第三支柱参与管理机构是否会设立准入机制目前监管政策尚不明确。

从现有养老金投资管理参与主体看，保险资管公司占比相对较小。全国社保战略储备基金共 18 家投资管理机构，无一家保险资管公司或养老保险公司；第一支柱投资管理机构共 21 家，保险资管公司有泰康资产、华泰资产、人保资产 3 家，养老保险公司有长江养

---

[*] 本节源自中国保险资产管理业协会养老金管理专委会《养老金融双周评》2021 年第 4 期（总第 17 期）。作者：华泰资产管理有限公司周远航、刘昊朋。

老、平安养老险、国寿养老 3 家;第二支柱投资管理机构共 22 家,保险资管公司有泰康资产和华泰资产 2 家,养老保险公司有平安养老险、太平养老、长江养老、国寿养老、人保养老、新华保险 6 家。其中,二支柱中原有的国寿资管和人保资管 2 家投资管理资格分别转入国寿养老和人保养老 2 家公司。①

二支柱中保险资管公司和养老保险公司投资管理基金已经具备不小规模。截至 2020 年底,上述两类公司企业年金和职业年金投资管理基金规模占比过半。这是 16 年不断市场拓展和长期稳健业绩共同赢得的结果。其中,作为第二支柱企业年金投管人的 6 家养老保险公司还兼具养老金受托管理、账户管理和投资管理资格,而 2 家保险资管公司始终专注保险资金投融资服务,凭借长期资金管理经验和均衡稳健投资风格,在养老金投资方面优势明显。根据人社部历年公开披露的企业年金数据,2013~2020 年八年中,泰康资产和华泰资产的单一含权组合平均收益率分别 7 次和 6 次超过行业平均水平。

二、保险资管公司养老金投资管理优势

如果从行业监管部门维度划分,我国大资管行业可以分为两类:一是由银保监会监管的商业银行理财、信托资金信托和保险资产管理;二是由证监会监管的基金公司、证券资管、期货资管和私募基金。在养老金投资管理领域,保险资管公司具有以下突出优势:

(一) 兼具投资与投行能力

相比于基金、证券公司以及刚组建不久的商业银行理财公司,保险资管公司在大类资产配置能力、长期资金管理理念、信用风险

---

① 中国社会保险学会:《完善养老保险基金投资监管体制课题报告》,2017 年。

管控、控制回撤风险等方面的实践经验丰富,投资实力得到资金端市场高度认可。

同时,保险资管公司又是债权投资计划、股权投资计划、资产支持计划的发行方,收益回报水平、资产安全稳健等方面也被资产端市场长期认可,成为养老金资产配置非标类固定收益资产最主要的供给方,树立了良好的行业品牌形象。

(二) 投资理念与养老金高度匹配

保险资金有两个显著特点:一是长期性;二是负债经营。① 这两个特点决定了保险资金要兼顾短期和长期收益、相对和绝对收益,也决定保险资金需要采取均衡投资模式。正是保险资金上述特点促使保险资管公司形成了审慎稳健的投资理念,以及优异的大类资产配置能力、风险管控能力和产品创新能力,同时基于对养老金投资管理的深刻认识和把握,保险资管公司可进一步发挥长期配置、大类配置和价值投资的专业优势,为第三支柱建设和养老金管理贡献力量。

(三) 风险管理体系严谨高效

保险资管公司经过多年行业实践,具有成熟、严谨的风险控制理念和技术,在养老金投资管理中建立严格的事前、事中、事后的风险指标体系,将绝对收益投资理念融入风险管控机制中,能够有效控制各类投资风险和运营风险,确保资产安全和完整。

三、保险资管公司迎来养老金市场发展机遇

伴随资管新规的颁布,我国迎来大资管、"真资管"时代,新

---

① 段国圣:《新形势下,保险资管面临的挑战与新投资特点》。

规提出打破刚兑、剥离表外资产、去通道、去非标资产期限错配、净值化、穿透式管理等要求。理财市场重新洗牌，全面打开了资管行业竞争发展新局面。不同资管机构站在同一起跑线上同台竞技，保险资管公司凭借独特的投资优势和风控理念，在投资范围、业务模式、市场开发等方面迎来新的业务机会。同时，养老金资产管理市场是我国大资管体系中最具成长性的业务板块，呼之欲出的第三支柱将给保险资管公司提供新平台、带来新机遇、注入新活力。

近日，银保监会新闻发言人表示，鼓励保险资金发挥长期、稳定和价值投资者作用。通过股票、股权、债权、基金等形式，为制造业和战略新兴产业提供多层次资金支持。丰富市场中长期投资工具，引导保险资管公司发挥长期资金管理的优势，积极创设债权投资计划、股权投资计划等保险资管产品。2021年1月，银保监会发布了《保险资产管理公司监管评级暂行办法》（银保监办发〔2021〕5号），意味着保险资管业进入分类监管时代，有利于促进保险资管公司防范风险、合规经营和规范发展。2021年5月，银保监会发布《开展专属商业养老保险试点的通知》（银保监办发〔2021〕57号），其中规定资金配置权益类资产比例可按《关于优化保险公司权益类资产配置监管有关事项的通知》（银保监办发〔2020〕63号）要求上浮一档执行。

过去，由于保险资产管理公司主营保险资金的投资管理，相比于银行、证券、基金等金融机构，管理资产规模处于劣势。同时，绝大多数保险资管公司不具备公募牌照。现在，资管行业大环境和保险资金运用监管政策小环境都给保险资管公司在我国养老金市场大发展创造了难得的机遇，应积极参与并把握机会。

四、不断扩大保险资管公司养老金市场影响力

养老金投资以其长期性、复杂性、敏感性,不同于其他投资领域,应属于独立的投资种类。① 基于上述投资特性,养老金投资的基金运营模式与市场监管规则相对统一,对投管机构的选择、考核和评价标准相对严格。

华泰保险集团副总经理兼首席投资官、华泰资产管理有限公司总经理兼 CEO 认为,面对新的宏观形势、新的行业挑战、新的险资机遇,保险资管公司应当始终站在坚持服务保险行业及养老产业、支持国家经济发展的角度,秉承专业化、规范化、市场化的发展原则,坚持长期稳健的投资理念和价值创造的管理理念,为客户创造长期稳定的投资业绩,为行业、社会创造价值。②

从实际情况来看,第一、第二、第三支柱之间存在的结构失衡、长期投资理念不被投资者看好或接受、基金间③部分配套制度不协调不统一等问题,仍然将在一定时期内存在。但随着国家社保顶层制度设计的不断完善,投资者教育工作不断加强,养老金投资保障效果不断凸显,市场化投资运营的养老金市场会进入快速发展阶段。

建议政府监管部门和行业监管机构在养老保险各支柱投资管理参与主体资格准入及考核评价方面,给予保险资管公司更多重视、监督与支持。同时,建议中国保险资管行业协会在养老金投资管理领域可以发挥更大宣传和引导作用,促进保险资管公司在养老金投资市场中健康、高速、长期发展。

建议养老金投资政策中可考虑增加"在中保登注册登记的资产

---

① 中国社会保险学会:《完善养老保险基金投资监管体制课题报告》,2017 年。
② 杨平:《新形势下保险资管机构的发展与定位》,《当代金融家》2019 年第 8 期。
③ 此处指基本养老保险基金、年金基金和个人养老金。

支持计划"。该计划是继基础设施和不动产债权投资计划之后,盘活存量资产、支持实体经济发展的又一重要中长期投资工具,与养老金投资特点及目标相匹配,建议纳入投资范围,提升长期业绩稳定性。同时,建议委托人、法人受托机构、商业银行理财子公司以及寿险公司在投资管理人选择过程中,以长期业绩表现和信用风险防控能力为主要指标,给予保险资管公司更多机会。

保险资管公司自身更要集中优势资源,不断进取创新,增加投研与系统投入,争取以积极的心态和稳健的风格跑赢养老金投资这场"没有终点的马拉松长跑"比赛。

五、构建金融同业合作共赢生态

保险资管公司在参与不同支柱养老金市场资产管理时都需要与相关同业合作。例如,第一支柱中,保险资管公司接受社保基金理事会的委托、监督和管理;第二支柱中,保险资管公司与13家法人受托机构①开展年金委托投资管理业务合作和养老金产品直投合作。未来在第三支柱中,保险资管公司可以考虑与银行理财公司、寿险公司、养老保险公司开展银行理财、专属商业养老保险、养老保障业务等委托投资管理合作或间接配置保险资管产品合作。

各自行业通过优势互补,最终实现互利互惠。例如,银行可以发挥销售渠道、人才队伍、管理体系等方面优势;保险资管公司在非标资产发行、固收、权益资产投资能力、生命周期管理、风险控制等方面经验丰富,可以各方联手,取长补短。在两会监管模式下,我们期待着保险业能够与银行业紧密联合,共同打造生态健康、活力有序的养老金市场。

---

① 其中2家信托,4家银行,6家养老保险以及1家养老金公司。

第三节 我国个人养老金制度的思考和建议*

近年来,在我国人口老龄化问题日益凸显的背景下,第三支柱养老保险逐步进入大众视野。"十四五"规划也指出,要健全养老保险制度体系,发展多层次、多支柱养老保险体系,提高企业年金覆盖率,规范发展第三支柱养老保险。

1994年世界银行首次提出养老金"三个支柱"的概念。第一支柱即公共养老金,由政府普遍实施保障,致力于促进社会财富再分配,保障社会公平,在我国是基本养老保险基金。第二支柱,包括企业年金和职业年金,由职业群体缴费形成,覆盖群体受收入与行业限制。第三支柱,广义上以个人自愿养老储蓄投资形成。我国的个人养老金制度,也就是第三支柱,于2018年5月,以"个税递延商业养老保险试点"为起点,进行了有益的探索和尝试。试点政策首次面向个人自愿进行的养老储蓄投资行为建立了个税递延型税收激励制度。个税递延商业养老保险试点政策实施情况平稳,总体效果良好,为下一步政策推广奠定了基础。由政府主导、统筹规划的基本养老保险、企业(职业)年金和个人养老金三支柱养老保障体系建设,有望以此为基础加速推进。

目前处于个人养老金制度由试点转常规的顶层方案设计阶段,建议可以在以下几个方面重点发力:一是将第三支柱立足于对第一

---

* 本节源自中国保险资产管理业协会养老金管理专委会《养老金融双周评》2021年第3期(总第16期)。作者:泰康资产管理有限责任公司阎大鹏、马路平、李丹、王珊。

支柱的补充，并注重发挥与第二支柱的协同效应。设计公平、有效的税收激励方案，并以税收优惠为杠杆撬动更大规模的自主性养老储蓄投资。二是建立市场化的投资管理机制，保障各类型金融机构具备平等的展业机会，同时加强以长期投资为原则、以养老保障为目标的产品创新。三是在投资政策方面，应延续在第一、第二支柱投资管理上以品种为基础的大类资产配置思路，并争取与第一、第二支柱同等的优惠政策。

基于此，具体提出几点政策建议。

一、现有个税递延政策可覆盖人数有限，应更加关注税收激励的杠杆效用，撬动税后自主性养老储蓄投资

现有试点政策的税收激励方案为：允许在一定标准内（个人收入6%或1 000元/月二者孰低）税前扣除；投资收益暂不征收个人所得税；个人领取商业养老金时，其中25%部分予以免税，其余75%部分按照10%的比例税率计算缴纳个人所得税。

在新《个人所得税法》实施后，纳税人口基数呈断崖式下降。2018年8月，财政部曾表示，仅以基本减除费用标准从每月3 500元提高到5 000元一项因素来测算，修法后的纳税人口占城镇就业人员的比例将从44%降至15%（据估算仅剩约6 500万人）。此外，领取阶段7.5%的实际税率，一方面对缴费阶段适用3%税率的人群没有延税激励效应；另一方面，领取阶段应纳税所得额包含了投资收益，而目前我国对其他一般账户投资收益免征个人所得税，在长期积累情况下该项负面影响将十分显著。因此，现有个税递延政策可覆盖人数相当有限，如果将参与率等其他因素考虑在内将进一步下降，与第三支柱立足发挥补充养老保障功能的定位相距甚远。即使可以争取到更加优惠的税前扣除额度或领取阶段税率，也难以有实质改观。

这种情况下，应结合实际将税收激励定位为对个人投资者养老储蓄理念和习惯的引导，建议考虑在技术上实现通过一个账户同步归集税前扣除和税后缴费两类资金，对于税前扣除额度按个税递延政策在领取时扣缴相应税率的个人所得税，对于税后缴费额度则在领取时应不再重复征税。这样在税前扣除额度基础上，进一步增加个人用税后收入来自主投资的积极性，发挥税收激励的杠杆效用。

二、主要从税收优惠政策共享和个人账户打通两个方面，发挥第二、第三支柱的协同效应

目前，企业年金已基本进入存量市场，绝大部分有能力、有意愿建立企业年金计划的企业均已建立完成，新建企业年金计划十分有限，目前覆盖职工人数仅有约 2 500 万人。职业年金采用强制参与制度，覆盖范围为约 2 900 万机关事业单位就业人员。大多数企业和职工未能加入企业年金制度，无法享受国家第二支柱养老保障政策红利，建议探讨将第二支柱、第三支柱税前扣除额度合并口径计算的可行性，在不增加现行税务制度成本的情况下，大幅提升个人养老金制度的税收激励力度。例如，根据《关于企业年金、职业年金个人所得税有关问题的通知》（财税〔2013〕103 号），企业年金、职业年金个人缴费部分，在不超过本人缴费工资计税基数的 4% 标准内的部分，暂从个人当期的应纳税所得额中扣除。当职工未能加入企业年金计划时，可将第二支柱的个人缴费税前扣除额度让渡给第三支柱，将职工参加个人年金的税前扣除额度由工资收入的 6% 提高至 10%。

另外，在已加入企业（职业）年金计划的员工发生离职、升学或转入其他未建立企业（职业）年金计划的单位就业时，该员工的年金会转入计划下的保留账户。按现行企业（职业）年金相关管理

规定，保留账户仅能在退休、丧失劳动能力、出国定居等特定条件下领取，易形成长期、大量的资金沉淀。建议就第二支柱保留账户与第三支柱个人养老金账户联通出台相关配套政策，应允许其将保留账户资产转移至个人养老金账户，激活保留账户资金，继续基金积累和投资管理，发挥制度间资产转移对个人养老金账户开立和基金积累的驱动作用。

三、完善三支柱产品谱系，发挥多类型产品优势，借力养老金融发展直接融资、服务实体经济

建立个人养老金制度能够有效将社会公众自发进行的，零散、短期化的养老储蓄投资活动，通过制度化手段转化为大规模的长期资本供给，从而有利于改善社会融资结构，促进直接融资发展，更好地与实体经济和国家战略新兴产业对接。能否引入与养老资金属性匹配、符合资产配置需求的适当金融产品，是能否实现个人养老金长期投资、直接投资，促进资本市场结构性改革的关键。

从目前公开渠道获取的可能纳入的品种来看，现有银行理财产品着重于满足社会公众的中短期现金管理需求，对跨周期、跨品种的养老金投资管理能力尚待验证；个税递延商业养老保险以 DB 见长，重保障、轻投资；养老目标基金传统上延续了公募基金以市值类资产投资为主，按相对收益考核的管理模式。整个三支柱产品谱系中，极度缺乏具备养老金投资管理历史业绩，或具备项目类直接投资优势的金融产品。

建议突破既有私募类产品相关管理规定，研究制定将特定的保险资管产品、债权投资计划、信托计划以及面向企业（职业）年金和基本养老定向发行的养老金产品纳入第三支柱合格产品范围的相关政策，允许个人投资者在第三支柱账户内对上述合格产品进行投

资。通过优质产品供给,引导长期投资、增加直接投资,形成投资业绩和个人参与积极性的正反馈效应,同时实现资本市场结构性改革和服务实体经济与国家产业战略的宏观改革目标。

四、丰富品种配置工具,制定港股、非标、私募股权等品种的相关投资政策

个人养老金与基本养老保险基金、企业(职业)年金具备相同的资金属性,应延续在第一、第二支柱投资管理上以品种为基础的大类资产配置思路,注重纳入包括港股、非标、私募股权等多类型的品种配置工具,并制定相关投资政策。

港股市场是高度国际化的市场,拥有大量优质的海外或世界级公司,相比A股投资标的具备一定的独特性和稀缺性,同时港股整体估值水平偏低,与A股具备较低的相关性,将港股纳入个人养老金投资范围,可有效扩大权益资产类别,优化资产配置结构,提高风险收益比。公募基金于2015年放开港股通投资,保险资金于2016年放开港股通投资,年金基金于2020年放开港股通投资,目前主要机构投资者已具备较成熟的港股投资管理经验。建议放开个人养老金账户投资以港股为主要投资标的的专项型产品,并对该类产品的投资比例实行上限管理。

非标资产具备养老金投资管理中的压舱石和稳定器作用,与养老金追求绝对收益目标、厌恶下行风险的资金属性十分匹配。在资管新规等宏观金融管理政策出台后,市场开启了对非标投资进行规模压降、期限匹配等规范整改操作,而央行对"标"与"非标"的认定标准主要是从交易流通环节,即资产的流动性角度进行划分界定,并非出于对其信用风险或投资价值的判断。非标作为传统信贷融资和标准化债券融资之外的第三类融资渠道,具备其存在的必要

性和合理性。因此，建议将债权投资计划、信托计划等非标产品纳入个人养老金投资范围，同步设计面向个人养老金账户的定向发行管理办法，但需在发行主体、项目资质等方面制定相对较高的准入标准，并实行投资比例上限管理。

股权属于高风险、高预期收益的金融资产类别，目前保险资金、全国社会保障基金、基本养老保险基金可以进行股权投资，企业年金可以试点形式进行股权投资。建议个人养老金参照制定相应股权投资政策，允许合格机构面向个人养老金账户设立和发行股权投资基金，以实现长期稳定收益为目标，立足于参与和支持国家重大项目工程、重点战略新兴产业等，所投项目应具备较好的分红或市值溢价预期，并完善转让和退出机制。

五、在增值税、打新账户分类等具体投资管理制度方面，争取与第一、第二支柱同等的优惠政策

根据财政部、国家税务总局相关政策，全国社会保障基金、基本养老保险基金买卖证券投资基金、股票和债券等的差价收入，免征增值税。企业年金、职业年金和养老金产品未明确规定，实际运营管理中按免征增值税执行。建议争取对纳入个人养老金投资范围的相关金融产品免征增值税。

按照现行打新账户分类管理规定[①]，全国社会保障基金、基本养老保险基金为 A 类账户，企业年金、职业年金、养老金产品为 B 类

---

① 根据《首次公开发行股票网下投资者管理细则》中证协发〔2018〕142 号，根据网下投资者参与首发股票询价和网下申购业务的情况和综合评分结果，将网下投资者划分为 A、B、C 三类。其中 A 类投资者的比例不高于 30%，C 类投资者的比例不高于 20%。主承销商在开展投资者选择和股票配售工作时应予以优先考虑 A 类网下投资者，谨慎对待 C 类投资者。B 类网下投资者可正常参与首发股票询价和网下申购业务。因此，A、B、C 三类投资者的新股中签率和打新收益增强效果依次递减。

账户。建议争取将纳入个人养老金投资范围的相关金融产品认定为打新 A 类账户，提升打新收益增强效果。

现阶段，人社部已初步建立第三支柱信息平台，基本具备正式运行条件；银保监会正在研究完善个人商业养老资金账户制度，以及银行类养老产品和保险类养老保障管理产品的相关办法；证监会已经发布实施《养老目标基金指引（试行）》，并做好中登平台系统建设和对接等准备工作。我国个人养老金制度的正式建立实施已箭在弦上，应充分认识到我国人口老龄化快速发展与养老保障体系积累不足之间的矛盾，以及发展第三支柱的迫切需求，抓住改革机遇，加快推进三支柱养老保障体系的建立完善。

第四节　我国第三支柱养老金融产品的创新发展[*]

一、三支柱的养老体系建设

（一）发达国家养老体系及养老第三支柱建设

全球的养老体系建设主要基于世界银行在1994年提出的三支柱的框架：公共养老金计划（第一支柱）、职业养老保险计划（第二支柱）和个人储蓄计划（第三支柱）。其中，美国的养老三支柱体系制度完善、覆盖面广且民众参与度高，值得我国借鉴（见表1）。

表1　　　　　　　　发达国家养老三支柱体系

洲际	国家	第一支柱	第二支柱	第三支柱
欧洲	荷兰	基本国家养老金（AOW）	职业养老金：行业养老金为主，企业年金、特定职业养老金	寿险年金、银行年金
欧洲	挪威	强制性的全民保险计划	强制性职业养老金计划	个人自愿购买的商业养老保险计划
北美洲	美国	美国社会保障信托基金（OASDI），由养老遗属信托基金、残联保险信托基金组成	政府建立公共部门养老金计划、企业建立的私人养老金计划，以401（K）计划为代表	自愿建立的个人退休账户计划（IRAs）和商业养老保险

---

[*] 本节源自中国保险资产管理业协会出版的《中国保险资产管理》2021年第4期（总第36期）。作者：平安养老保险股份有限公司吕建勤、高宇、金浩枫、罗庆忠。

续表

洲际	国家	第一支柱	第二支柱	第三支柱
大洋洲	澳大利亚	基本养老金（Age Pension）。另有澳大利亚未来基金作为储备养老金以应对未来可能出现的养老金支付缺口	雇主强制缴费的超级年金（Superannuation Guarantee）	自愿型超级年金（Voluntary Superannuation）
亚洲	日本	国民基础养老保险，即国民年金制度	厚生年金、共济年金，分别以私营公司职员和公务员、私营学校教员为对象	个人或企业选择加入的非强制性养老保险，如国民年金基金、个人确定缴费年金制度等

（二）美国养老体系及第三支柱建设

美国是世界上第一只企业养老金的诞生地（1875年）。随着1935年《社会保障法》、1974年《雇员退休收入保障法》、1978年《美国国内税收法案》的颁布，美国养老金的三支柱体系日趋完善。

1974~2020年，美国养老金规模从3 690亿美元提升至34.9万亿美元，年均复合增速达10%，占GDP比重持续提升，从1974年的24%提升至166%（见图1）。

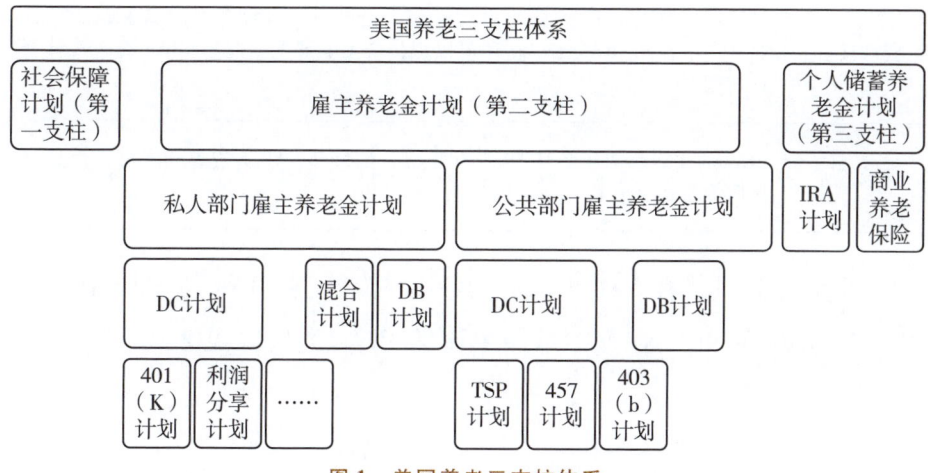

图1　美国养老三支柱体系

(三) 美国个人退休账户 (IRAs) 的运作特征

1. IRAs 的主要内容

美国个人退休账户 (Individual Retirement Accounts, IRAs) 其依据是 1974 年美国国会通过并由福特总统签署的《雇员退休收入保障法案》(ERISA)，所有 70.5 岁以下个人可建立的一种完全自愿参加、自由设立的养老金计划（见表 2）。截至 2020 年末，IRAs 规模约 12 万亿美元，占养老金比重达 35%，是美国养老金市场最重要的组成部分。

表 2　　　　　　　　　　　IRAs 主要内容

项目	内容
参加条件	雇员参加 IRAs 必须满足两个条件，即雇员当年有应税收入且年龄不超过 70.5 岁
发起设立	雇员设立 IRAs 时必须与金融机构签署受托人或保管人协议且经过美国国税局的核准
缴费限额	传统型和罗斯型每年缴纳上限均为 6 000 美元；如果年龄在 50 岁（含）以上，每年可缴纳 7 000 美元
资产转存	雇员可以在同类 IRAs 账户进行转账，也可以把符合规定的雇主养老金计划资产滚存到 IRAs 账户，还可以把传统型、雇主发起型 IRAs 资产转移至罗斯型 IRAs
领取规定	IRAs 的法定领取年龄从 59.5 岁开始，在 59.5~70.5 岁参加者可自由选择提取或继续享有税收递延的权利

目前，美国共有 5 类 IRAs，其中，传统型 IRAs 与罗斯型 IRAs 占所有 IRAs 的 90% 以上，是最主流的 IRAs 类型（见表 3）。

表3　传统型IRAs和罗斯型IRAs的开设、存入和支取限制

	传统型IRAs退休账户	罗斯型IRAs退休账户
资格要求	任何有收入的人可以每年存入资金一直到满72岁	2020年税务年度： 个人报税：收入低于124 000美元 联合报税：收入低于196 000美元
每年存入资金限额	6 000美元 50岁或以上可以存7 000美元	6 000美元 50岁或以上可以存7 000美元
提款	(1) 提款时，所有盈利及存入资金都将需要缴税 (2) 若59岁半前从账户中提款，或72岁后的第一个4月1日前没有履行强制最低提款的规定，将会产生罚款	(1) 存入资金部分可以随时提出，无须缴税也没有罚款 (2) 只要满59.5周岁并且账户已建立5年以上，就可以提取账户盈利的部分，无须缴税也没有罚款 (3) 没有最低提款要求

2. IRAs的资金来源

传统IRAs和罗斯IRAs都允许缴款和从其他账户已积累的资金滚存，以便让投资者通过缴款或雇主发起式退休计划滚存的方式来积累退休资产。2017年，传统IRAs账户中来自滚存的资金约占当年账户增长资金的96.10%。

3. IRAs高速增长的主要原因

税收优惠。IRAs账户具备税收优惠，一是延迟纳税，二是账户内的存款利息、股息和投资收益免征所得税。税收优惠是驱动居民投保的重要因素。

IRAs账户具有良好的转移机制。美国在建立了庞大、成熟的第二支柱后，户主在转换工作或退休时，可将第二支柱的资金转存到IRAs账户。根据传统IRAs账户平均余额推算，约有超过2/3的传统IRAs资产最初来源于第二支柱资金的转存。

二、我国养老体系及第三支柱建设

(一) 我国养老体系现状

对标美国，中国养老金资产存量低、占GDP比率低，尤其是第三支柱存在明显短板（见图2）。截至2019年底，中国养老金结存金额8.89万亿元人民币，仅占GDP的9.0%；同期，中国第一、第二、第三支柱养老金占比各约70.7%、29.2%、0；截至2019年底，美国养老金结存金额35.37万亿美元，占GDP的165.0%；按2019年12月31日汇率折算为246.3万亿元人民币，是中国养老金规模的27.7倍；美国第一、第二、第三支柱占比各为8.2%、54.1%、37.7%。

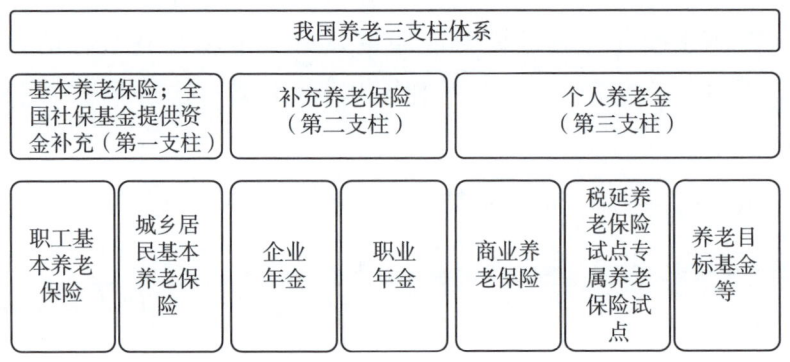

图2 我国养老三支柱体系

(二) 我国第三支柱建设的尝试和特点

我国目前已经启动试点或正式运作的与第三支柱相关的养老金融产品有：税收递延型商业养老保险、公募养老FOF产品、银行养老理财产品、个人养老保障产品、商业养老保险等。但各类型养老产品发展情况和阶段不同，且在发展中出现如各产品税收优惠政策不一致、产品设计与养老目标不符等问题。

第三支柱养老的实施制度包括产品制和账户制，我国目前实施的是产品制：个人养老金在各类产品之间转移不便，且税收优惠只赋予到产品层面，购买多个产品时需规划税优额度在各产品购买支出间的分配。而账户制下，个人可开立养老金账户作为载体，通过该账户购买金融产品、领取养老待遇、查询参保权益信息。账户制的优点，一是个体的产品选择、产品转换、待遇领取的便利程度更高；二是政策实施、信息监管的成本更低；三是有助于第二和第三支柱间的转移、打通，促进三支柱体系的完善。

三、基于我国第三支柱建设的账户和产品创新发展建议

为了鼓励大众通过养老金长期持有金融产品，统一个人养老金的税收优惠政策，提升个人管理养老金的体验，借鉴国际经验，建议建立起能够包容合格且多元的金融产品的第三支柱个人养老金账户体系。

（一）建立第三支柱的个人养老金账户

1. 考虑在个人养老金账户中设立力度较强的税收优惠政策

分析美国 IRAs 的高速增长原因，税收优惠是驱动居民投保的重要因素。2018 年 5 月 1 日，税延养老保险在上海市、福建省和苏州工业园区先行试点。国务院发展研究中心金融研究所的相关调研显示，民众购买不踊跃的主要原因是税收优惠政策力度不够：税前扣除限额仅为 1 000 元，后端征收 7.5% 的税率，使得试点效果不理想。因此，建议在个人养老金账户设立力度较强的税收优惠政策。

2. 账户设置提前支取惩罚税率并设计豁免情形

由于不鼓励账户持有人提前支取，美国传统 IRAs 账户要求如在 59.5 岁前提前支取 IRAs 账户资金，会面临征收 10% 的惩罚性税率。但如出现持有人残疾、大龄失业、大额医疗支出、教育支出、剩余子女或临时新冠疫情支出，可豁免提前支取的惩罚。

建议我国个人养老金账户同样设置提前支取惩罚税率，并人性化地设置可豁免提前赎回惩罚税率的条款，有助于支持个人紧急的流动性需要，减少投资人对于存入个人养老金账户的资金退休前无法取出的担忧。建议可在设计个人养老金账户时考虑增加免除收取惩罚性税率的提取条件。

综合来看，建议考虑设置个人养老金账户要素，如表 4 所示。

表 4　　　　　　　　　个人养老金账户要素设计

项目	个人养老金账户
税收优惠	（1）EET 模式，存入资金可在税前扣除 （2）提款时需要缴税
投资人资格要求	投资人当年有应税收入且未退休
每年存入资金限额	50 000 元每年
提款	（1）若 60 岁前从账户中提款，除参考当期个税缴费费率阶梯合并当期收入缴税外，另征收 10% 提前支取惩罚税 （2）60 岁后可提款，按实际税率 5% 征收个税
账户管理费	市场化竞争，国家设置最高费率
免收惩罚税金的情况	（1）账户持有人患重疾、残疾 （2）账户持有人大龄失业 （3）资金用于教育支出 （4）资金用于生育支出 （5）其他临时出现的特殊情况

(二) 确定多元化的合格个人养老金融产品

为引导大众理性投资、长期投资，通过科学的资产配置和合理的风险控制来实现个人养老金的长期稳定收益，建议中国个人养老金账户采用白名单制度筛选市面上的各类金融产品，筛选的规则应重点考虑如下方面：

- 资产管理产品：在账户中选择产品类型为固定收益型，或投资策略中内嵌资产配置功能的其他类型的资产管理产品，并剔除工具化资产管理产品。资产管理产品管理人包括银行、信托、证券、基金、期货、保险资产管理公司等金融机构。

- 年金养老金产品：依据人力资源和社会保障部门颁布规则发行的养老金产品不适用《关于规范金融机构资产管理业务的指导意见》。但第一支柱与第二支柱都已配置了年金养老金产品，充分证明年金养老金产品可实现养老目标，成为横跨三支柱的养老产品。年金养老金产品可以发挥现有完整产品体系、成熟的运营等方面的优势，继续保持快速发展。第二支柱养老金管理人可考虑发行专门面向个人养老金账户投资的混合型、固定收益型养老产品。

- 商业养老保险：优势在于可提供"保本+浮动"的收益模式，且可附加重疾、护理、意外等其他保险责任。通过险资企业对接医疗机构的能力为个人养老金账户持有人提供门诊协助、二次诊疗、私人医生等服务，提升商业养老保险和个人养老金账户的吸引力。

- 通过智能投顾技术定制的养老金融服务的底层资产：智能投顾技术目前在国外养老金的投资应用广泛。引入智能投顾技术借助"金融+科技"平台可以低成本地帮助账户持有人配置各类工具化资产管理产品和保险产品。

（三）引入智能投顾技术，赋能第三支柱建设

受制度框架限制，建立在国家、企事业单位统一安排下的第一、第二支柱难以充分满足个人养老的个性化需求。而个人主导的第三支柱，若采用前述个人养老金账户模式，则可以在智能投顾技术的赋能下，针对每个参与者的自身风险偏好、账户资产情况、现金流特征和养老金替代目标，为其量身定制养老储蓄方案、养老金资产配置方案、养老金领取方案和养老风险管理方案。这也将成为除税收优惠之外吸引普通大众参与第三支柱的重要手段（见表5）。

表5　目前三支柱体系对于参与者个性化需求的契合点

支柱	主导者	个性化需求契合点
第一支柱	政府	所在地域、个人工资、年龄、病残情况
第二支柱	企事业单位	个人工资、年龄、完全丧失劳动力情况、出国（境）定居情况、领取金额和频率、风险偏好
第三支柱	个人	除上述特点外，还可以包括个人金融资产负债情况、缴费金额和频率、投资品种、家庭情况等

智能投顾技术最早出现在金融危机后的美国，即"机器人投顾服务"（Robo‐advisor）。目前全球整体在管规模（AuM）接近4 600亿美元。随着其功能迭代优化，此类技术已逐步进入养老金服务领域，各大智能投顾平台如Betterment、Wealthfront不仅支持开通第二支柱［401（K）］、第三支柱（IRAs）账户功能，还推出了退休规划服务（Retirement Planner）和养老金领取规划服务（Retirement Income）等工具，为个人提供全生命周期个性化养老金融服务。

1. 退休规划服务

退休规划服务通常基于个人养老金融资产全貌，测算个人养老目标的实现概率，以辅助个人进行积累期养老金融规划。首先，个人养老金账户持有人授权平台链接其在各金融机构开立的账户，统

计其当前资产全貌和未来预期现金流入状况（包括第一支柱、第二支柱领取期收入）。对于已婚账户持有人，还可以引入配偶的账户数据。其次，账户持有人设定目标退休支出金额（或目标替代率）。以前述个人数据以及平台对未来市场收益率水平和风险情况的预估为输入后，智能投顾系统将借助"金融＋科技"平台，测算出养老目标的实现概率。若实现概率较低，则平台将建议账户持有人增加储蓄、减少消费（即定制养老储蓄方案），或者调整目前的资产配置结构（即定制养老金资产配置方案），来对其养老金积累过程进行优化（见图3）。

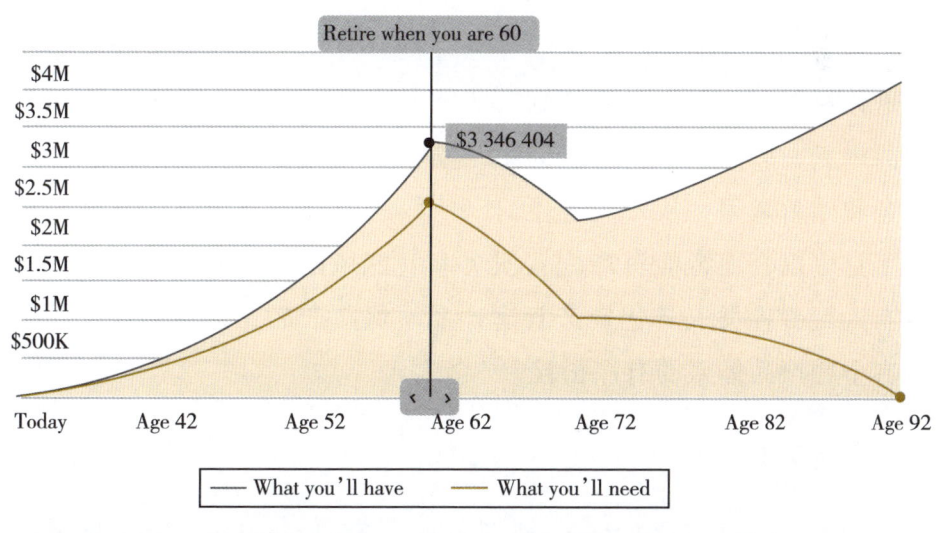

图3　Wealthfront 提供的养老金规划"Path"服务

资料来源：Wealthfront

2. 养老金领取规划服务

养老金领取规划服务主要着眼于已退休人士的领取期安排，通过跟踪个人的账户金融资产波动情况，辅助其进行领取期消费决策。平台系统以最大化终身领取金额、最小化长寿风险的同时限制领取金额波动率为目标，基于当期资产情况、未来资产波动预期和动态支出算法，通过模拟和演算，最终向账户持有人推荐当期养老金最优领取比例和养老资产最优配置比例，对个人养老金领取过程进行优化。

上述智能投顾技术在美国养老领域的应用也可以为我们第三支柱个人养老金账户的建设提供有益借鉴。参考国外的实践经验，我们有如下建议：

第一，应允许个人养老金账户链接第一、第二支柱账户以及其他个人金融账户。通过链接，个人金融信息、数据统一在同一平台，可打破目前金融服务在不同金融机构间的信息割裂情况，吸引大众将个人养老金账户作为个人金融资产管理的核心平台和统一入口（即"引流"），提升第三支柱的参与度。

第二，应鼓励金融机构或金融科技公司在个人养老金账户中提供退休规划、养老金收入规划等工具。通过工具解决个人养老过程中的难点、痛点，不仅可以为第三支柱引流，在微观上提升投资者养老和储蓄意识，从宏观上也有利于第三支柱养老储备的优化。各类工具可以叠加智能资产配置服务和智能风险管理服务，帮助账户持有人配置各类工具化资产管理产品、保险产品，实现第三支柱与现有金融产品体系的有序衔接。

参考文献：

［1］Congressional Research Service，Traditional and Roth Individual Retirement Accounts（IRAs）：A Primer，13.

［2］ICI, the United States Social Security Administration，《中国养老金融发展报告（2020）》，兴业证券经济与金融研究院.

［3］Nathaniel Lee, CNBC, "Why Robo–advisors are Striving toward a 'Hybrid Model,' as the Industry Passes the \$460 Billion Mark", https：//www.cnbc.com/2021/04/12/why–robo–advisors–may–never–replace–human–financial–advisors.html.

第五节　保险资管产品特色优势与第三支柱建设*

建设现代化养老服务体系、办好人民满意的养老事业，是中国共产党向全国人民作出的庄严承诺，是中华民族孝道文化的薪火传承，是建设社会主义现代化强国的硬核指标，是实现中华民族伟大复兴的重要标志。党的十九大报告提出，积极应对人口老龄化，全面建成覆盖全民、城乡统筹、权责清晰、保障适度、可持续的多层次社会保障体系。其中，养老第三支柱是社会保障体系的重要组成和亟待补强的短板。作为保险资管机构，应强化运用管理大资金、长资金、稳资金的能力专长和多元化产品优势，积极投身养老事业质量发展，坚持用金融力量赋能生态化、多层次、普惠性的第三支柱建设。

一、加快发展养老金第三支柱势在必行

（一）应对少子老龄化的必然选择

当前，我国正在经历人类历史上规模最大、速度最快、影响最深的老龄化进程。2021年5月11日公布的第七次全国人口普查结果显示，2020年底60周岁以上人口占比18.7%（其中65岁及以上人口占13.5%），与2010年相比上升5.44个百分点，预计2050年占

---

* 本节源自中国保险资产管理业协会出版的《中国保险资产管理》2021年第4期（总第36期）。作者：建信保险资产管理有限公司张玫、王聪。

比超过35%，中国将进入重度老龄社会（见图1）。与高速老龄化形成鲜明对比的是国内新生人口逐年断崖式下跌，2016~2020年全国新出生人口分别为1 786万、1 723万、1 523万、1 465万、1 200万（见图2）。老龄化进程提速、出生率持续下降、抚养比大幅上升，对养老体系持续健康发展提出严峻挑战，第三支柱建设刻不容缓。

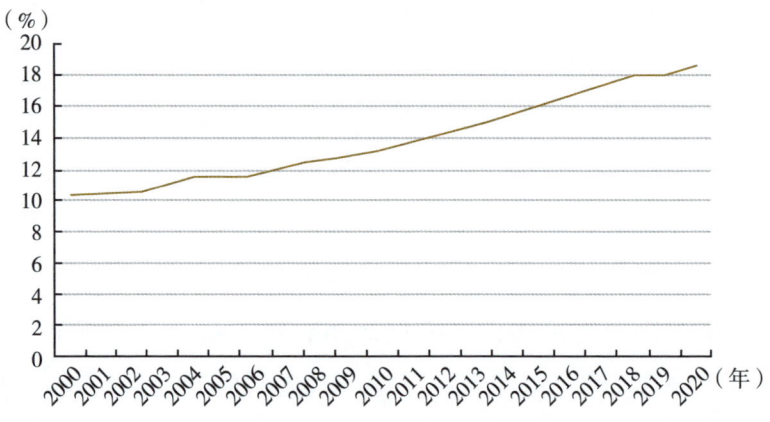

图1　近10年中国60岁以上人口占比

资料来源：国家统计局

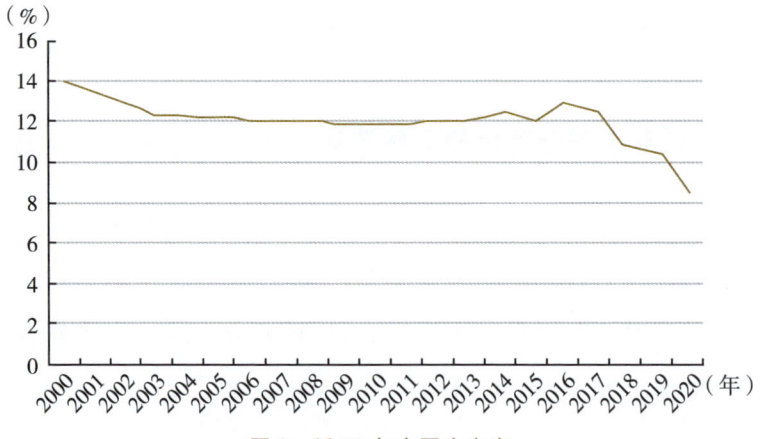

图2　近10年中国生育率

资料来源：国家统计局

(二) 解决养老体系结构性失衡的关键举措

总体来看，相较已步入老龄化的发达国家，我国养老金三大支柱发展不均衡且面临着各自的发展难题。第一支柱下的基本养老保险占绝对主导地位，截至2019年末，我国养老金结余金额8.89万亿元，第一支柱基本养老保险基金（不含储备）结余规模6.28万亿元，占比70.64%；第二支柱累计结余规模约2.6万亿元，占比则不到29.24%；第三支柱个人储蓄养老尚处于探索期，规模显著偏低。对标美国第一、第二、第三支柱占比分别为8.2%、54.1%、37.7%的结构数据差距较大。分别来看，一是公共养老体系显著承压（见图3）。近年来我国基本养老保险收支缺口不断扩大，部分地区基金面临耗尽甚至收不抵支，省际之间基金结构性矛盾突出。二是企业（职业）年金提升空间有限。由于适用对象主要集中于央企、机关和事业单位，呈现出规模少、占比小、覆盖低的特点。三是第三支柱建设起步较晚，发展存在短板。

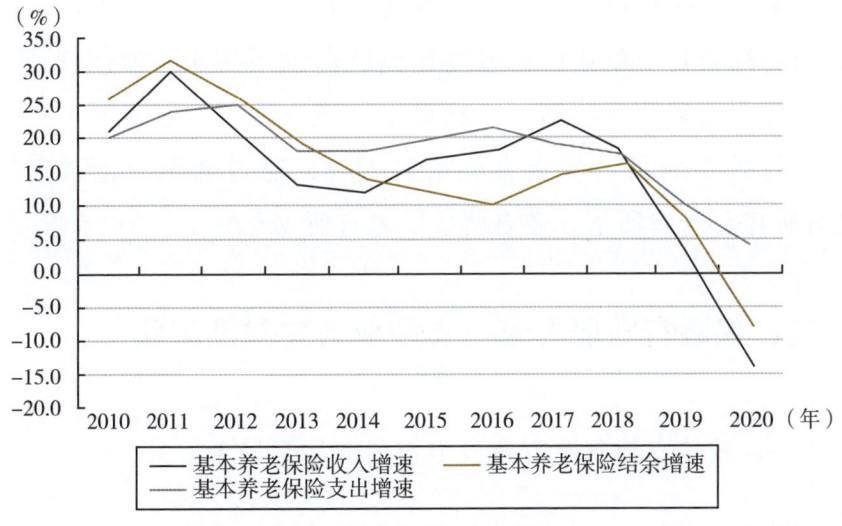

图3 养老金收支压力陡增

资料来源：人力资源和社会保障部网站

与第一、第二支柱相比，第三支柱市场化程度高，覆盖人群广泛，产品设计灵活，能够同时发挥养老金再分配、储蓄和保险三大功能，兼具公平、普适、自主、效率的特征，更加有利于完善我国养老金体系，为养老体系的重塑提供战略空间。

（三）提升金融服务实体经济的重要抓手

党的十九大报告明确提出了"增强金融服务实体经济能力，提高直接融资比重，促进多层次资本市场健康发展"的要求。养老资金作为重要的长期资金来源，能够通过多种形式投向国民经济的重点领域和关键环节，推动资本要素和人才要素向新经济流动，有效提高金融资源配置的质量与效率，是直接融资服务实体经济、落实供给侧结构性改革和双循环新发展格局的重要载体。

（四）满足人民美好生活需要的必要条件

伴随居民收入的持续增加以及风险保障和金融意识的不断提升，第一、第二支柱难以满足个人多样化、差异化的养老规划需求。而且，当前社会新增就业已有较高比例转向灵活用工、弹性就业，这类新型就业人员第一、第二支柱也难以完全覆盖。这就要求大力发展公平与效率兼备的养老金融第三支柱，通过金融力量真正实现"老有所养、老有所依、老有所乐、老有所安"。

二、保险行业服务第三支柱业务实践及现状

（一）政策支撑保险行业成为第三支柱主导者

2007 年我国开始推行商业养老保险政策。2014 年 8 月发布的《关于加快发展现代保险服务业的若干意见》认为，商业保险要逐步

成为个人和家庭商业保障计划的主要承担者、企业发起的养老健康保障计划的重要提供者、社会保险市场化运作的积极参与者。2017年3月，国务院发文，提出要完善社会统筹与个人账户相结合的基本养老保险制度，构建多层次养老保险体系。2018年，个人税收递延型商业养老保险试点，打开了养老金体系改革的新局面（见表1）。

表1　　保险服务第三支柱主要政策

时间	文件	相关内容
2007.11	《保险公司养老保险业务管理办法》	我国第一部完整、专业的养老保险管理规定。明确养老年金保险经营主体、产品管理和经营管理细则
2008.06	《国务院办公厅关于当前金融促进经济发展的若干意见》	强调商业养老保险建设和税收优惠改革，提出研究对养老保险投保人给予延迟纳税等税收优惠
2014.08	《国务院关于加快发展现代保险服务业的若干意见》	把商业保险建成社会保障体系的重要支柱，推动个人储蓄性养老保险发展
2015.07	《养老保障管理业务管理办法》	明确养老保障基金投资范围，养老保障业务从团体业务拓展至个人业务
2016.03	《国民经济和社会发展第十三个五年规划纲要》	构建包括职业年金、企业年金和商业保险的多层次养老保险体系，推出税收递延型养老保险
2016.07	《人力资源和社会保障事业发展"十三五"规划纲要》	鼓励发展补充医疗保险、商业健康保险、商业养老保险，推出个人税收递延型养老保险
2016.08	《中国保险业发展"十三五"规划纲要》	积极争取商业养老保险税收优惠政策，推出个人所得税递延型商业养老保险
2017.01	《关于印发国家人口发展规划（2016—2030年）的通知》	发展企业年金、个人储蓄性养老保险和商业医疗保险，推出个人税收递延型养老保险
2017.03	《"十三五"国家老龄事业发展和养老体系建设规划》	构建包括职业年金、企业年金以及个人储蓄性养老保险和商业保险的多层次养老保险体系
2017.07	《国务院办公厅关于加快发展商业养老保险的若干意见》	扩大商业养老保险产品供给
2018.04	《关于开展个人税收递延型商业养老保险试点的通知》	明确实施个人税收递延型商业养老保险试点，首批确定了上海市、福建省（含厦门）和苏州工业园区三个试点区域

续表

时间	文件	相关内容
2019.06	人社部提出多类金融产品均可参与养老第三支柱	符合规定的银行理财、商业养老保险、养老目标基金等金融产品都可成为养老第三支柱的产品
2020.05	《关于新时代加快完善社会主义市场经济体制的意见》	尽快实现养老保险全国统筹，促进基本养老保险基金长期平衡。大力发展企业年金、职业年金、个人储蓄性养老保险和商业养老保险

资料来源：建信保险资管整理

（二）保险行业服务第三支柱的主要形式

1. 商业养老保险产品百花齐放

2007年原保监会发布《保险公司养老保险业务管理办法》，鼓励保险公司发挥专业优势，通过个人养老年金保险业务、团体养老年金保险业务、企业年金管理业务等多种养老保险业务，为个人、家庭、企事业单位等提供养老保障服务。2014年保险业"新国十条"和2017年《关于加快发展商业养老保险的若干意见》等相关政策的出台，开启了养老保险市场发展的新征程，年金保险、两全保险、定期保险以及终身保险等属于商业养老保险范畴的个人商业养老保险产品如雨后春笋般纷纷涌现，养老保险产品不仅可与健康险、意外险等风险保障产品灵活结合，还能连接医院、养老机构为居民提供医疗、护理、康复、养老等服务，充分满足居民养老个性化、差异化需要，弥补第一、第二支柱供给方式单一、覆盖面小、替代率低的短板。

2. 税延商业养老保险先试先行

2018年4月2日，人社部、财政部、银保监会、税务总局等部委联合发布《关于开展个人税收递延型商业养老保险试点的通知》，自2018年5月1日起在部分省市启动试点工作。随后陆续印发了《个人税收递延型商业养老保险产品开发指引》《个人税收递延型商业养老年金保险产品示范条款》《个人税收递延型商业养老保险业务管理暂行办法》《个人税收递延型商业养老保险资金运用管理暂行办法》及《关于开展个人税收递延型商业养老保险试点有关征管问题的公告》等配套文件。随着税延养老制度逐步完善，同年6月6日太平洋人寿、中国人寿、平安养老、新华人寿、太平养老、泰康养老6家保险机构首批税延养老保险产品获得中国银保监会批准销售。在试点1年的期限内，共4批20家保险机构开发的66款产品获准销售，累计实现保费收入1.55亿元，保单4.45万件。截至2020年4月底，税延商业养老保险试点累计实现保费收入3亿元，参保人数4.76万人。

3. 养老保障管理产品突飞猛进

养老保障管理业务包含团体养老保障产品和个人养老保障产品，其中个人养老保障产品是为满足个人养老资产保值增值需求发售的产品。在前期《关于试行养老保障委托业务有关事项的通知》《养老保障管理业务管理暂行办法》的基础上，原保监会于2015年7月印发的《养老保障管理业务管理办法》进一步规范了养老保障业务。凭借广泛的客户群、灵活的服务内容、丰富的产品种类、宽松的投资范围，再加上与互联网金融平台之间密切深入的合作，大大提升了该业务的便捷性、精准性、普惠性，养老保障管理产品特别是个人开放式产品规模迅速增长。截至2019年底，行业整体规模（7家养老保险公司和1家养老金公司）已突破万亿元人民币。

三、第三支柱养老保险存在的问题

（一）制度设计有待进一步完善

1. 顶层设计有待加强

与美国、德国等发达养老市场在国家层面立法相比较，中国仍停留在政策规范层面。各部门制定的养老金体系配套政策在不同行业以不同产品形态体现，未能在整体统筹下形成合力。

2. 政策支持力度不够

税延商业养老保险试点过程中反映出受益群体覆盖范围有限、税收优惠力度不够、参与金融产品不足、投保退税流程复杂等诸多问题。因此，个人税收递延型商业养老保险总体规模不大且出现了初期参与人数较快增长之后则趋于停滞的情况。

3. 三个支柱间的衔接转换机制尚未贯通

从全球情况来看，养老第三支柱有账户制和产品制两种主要发展模式。以美国为例，其个人退休金账户（IRA）准许退休人员和变换工作的雇员，把自己以前积累的雇主养老金计划资产转存至IRA，以便于继续积累个人养老储蓄。该模式下，即有效鼓励个人自愿参与养老三支柱建设，同时为养老金账户提供了长期稳定的资金来源。目前我国的发展模式基于产品制框架（见表2）。

表2　　　　　　　　中美税延型养老保险比较

国家	模式	法律政策	适宜人群	资助形式	产品特征
美国	传统IRA	1974年5月1日《雇员退休收入保障法案》	未享受退休储蓄计划税收优惠的劳动者，特别是一些在小企业工作的正规劳动者	EET（具有缴费上限，具体缴费额随着时间及通货膨胀变化情况进行调整）	银行定期存款与理财产品、基金、股票、债券、常规衍生品、寿险公司的年金产品等
	罗斯IRA	1998年1月1日《纳税人缓税法案》	未享受退休储蓄计划税收优惠的劳动者，特别是非正规部门灵活就业人员	TEE	
中国	个税递延型养老保险试点	2018年5月1日《关于开展个人税收递延型商业养老保险试点的通知》	中高收入的正规就业人员	EET（采取限额与比例双重孰低办法确定）	保险公司按照开发原则制定的，可分为三类：收益确定型、收益保底型与收益浮动型产品

资料来源：建信保险资管整理

(二) 养老金融产品供给有待进一步优化

一是目前国内参与第三支柱的金融主体仅覆盖保险公司、养老保险（金）公司、公募基金管理人和理财公司，上述机构对应提供的金融产品包括商业养老保险以及个人税收递延型商业养老保险、养老保障产品、养老目标证券投资基金和养老理财产品，其中有税收优惠的仅为个人税延养老保险和公募养老目标基金。保险资管公司、信托公司、证券公司等金融机构及其符合条件的金融产品尚未纳入第三支柱范围。

二是商业养老保险中属于养老年金保险原保费的部分不及整体市场规模的一半，真正具备养老功能的年金产品仅约10%，难以充分发挥对社会保障事业和经济社会发展的支持作用。

三是当前开展的养老保障管理产品大多并不提供保险功能，也未限制领取条件，更类似中短期理财产品的属性。

四是多数养老金融产品投资收益较低，无法满足居民退休后维持原有的生活水平，甚至高质量生活的要求（见图4）。

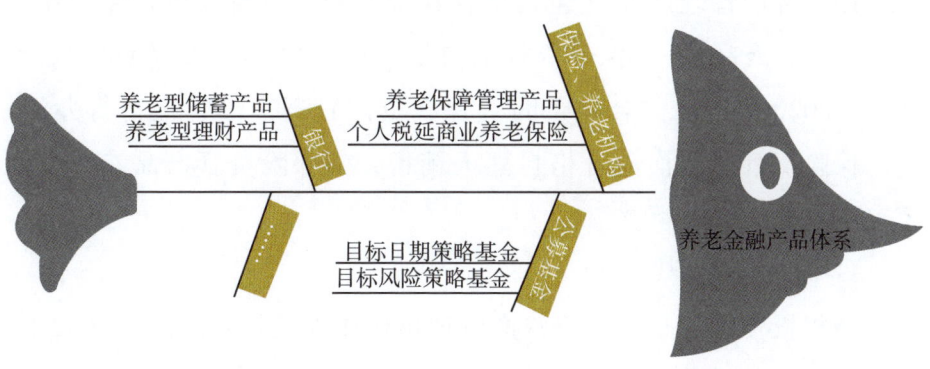

图4　当前养老金融产品体系

资料来源：建信保险资管整理

四、保险资管产品参与养老金市场的路径及政策建议

保险资产管理机构长期以来积极深度参与养老金体系第一、第二支柱建设,发挥了养老金管理的主力军作用,为各类养老金保值增值做出了贡献。当前国家高度重视养老金第三支柱的发展,在统一平台、账户载体、市场化运营、税优支持等政策利好下的第三支柱潜力巨大。但相较美国等海外养老金融产品发展成熟的市场,我国在养老金融产品的多样性、适配性方面存在较大差距。目前国内长久期资产供给不足,养老金普遍存在资产久期不匹配的问题,一直以来管理难度大。保险资管产品的加入,可以与保险产品协同主动扩展服务外延,也为个人养老金提供了中长期投资工具和金融产品供给,同时实现在股权、商品衍生品、不动产等领域的突破,切实降低投资组合风险。

(一) 保险资管产品概况及参与第三支柱的可行性

保险资产管理产品(包括债权投资计划、股权投资计划、组合类保险资管产品),是保险资管机构专业专长和特色优势输出的重要载体。2020年银保监会发布的《保险资产管理产品管理暂行办法》允许保险资管产品面向合格自然人销售,为保险资管产品参与养老第三支柱提供了政策支撑。

1. 债权投资计划

债权投资计划是指保险资产管理机构作为受托人面向委托人[①]发行受益凭证,募集资金以债权方式主要投资基础设施、非基础设施类不动产等符合国家政策的项目,并按照约定条件和实际投资

[①] 符合《保险资产管理产品管理暂行办法》规定的合格机构投资者。

收益情况向投资者支付收益、不保证本金支付和收益水平的保险资产管理产品。截至2020年末，债权投资计划的存续规模为1.45万亿元，广泛投资于基础设施、市政环保、新能源、新技术、新消费等领域。此类产品平均期限较长、安全稳健性高、收益水平适度合理，已成为保险资金运用首选的配置资产也是养老金优质的长期配置资产。

2. 股权投资计划

股权投资计划是指保险资产管理机构作为管理人发起设立、向合格机构投资者募集资金、通过直接或间接方式主要投资于未上市企业股权的保险资产管理产品。截至2020年末，股权投资计划的存续规模为0.16万亿元。根据发达国家经验，长期权益类产品资金来源主要是养老金，尤其是第三支柱的个人养老储蓄账户资金。股权投资计划是长期资金追求长期价值最佳工具之一，应通过专业化、合理化的制度安排将个人养老金账户合理配置到此类资产中，创造长期跨周期回报，更好地分享中国转型创新的发展成果。

3. 组合类保险资管产品

组合类保险资管产品是指保险资产管理机构面向合格投资者非公开发行、以组合方式进行投资运作的保险资产管理产品。截至2020年末，组合类产品存续数量共计1 652只、存续规模2.14万亿元，平均复合增长率22.62%。管理保险资金的经验、均衡的投资风格以及绝对收益投资理念，使得保险资管机构在与保险资金属性高契合度的养老金管理方面独具优势。下一步可以考虑推出以追求养老资产长期稳健增值为目标的组合类保险资管产品，即养老目标组合类产品。从收益来源覆盖的完整性、市场波动的平滑性和投资收益的稳定性综合考量，产品可采用组合基金（FOF）或管理人中管理人（MOM）模式，定期开放（需设置最低持有期）或封闭式运作。在"宏观资产配置＋中观策略轮动＋精选资管产品（投资顾问)"的核心逻辑框架下,通过优化投资过程、限制预期波动率控制产品风险,将投资组合的整体风险在固定收益类、权益类、商品及金融衍生品类和混合类产品间均衡配置,并按照组合优化的方式考虑持仓分散性,实现投资组合长期稳健增值(见图5)。

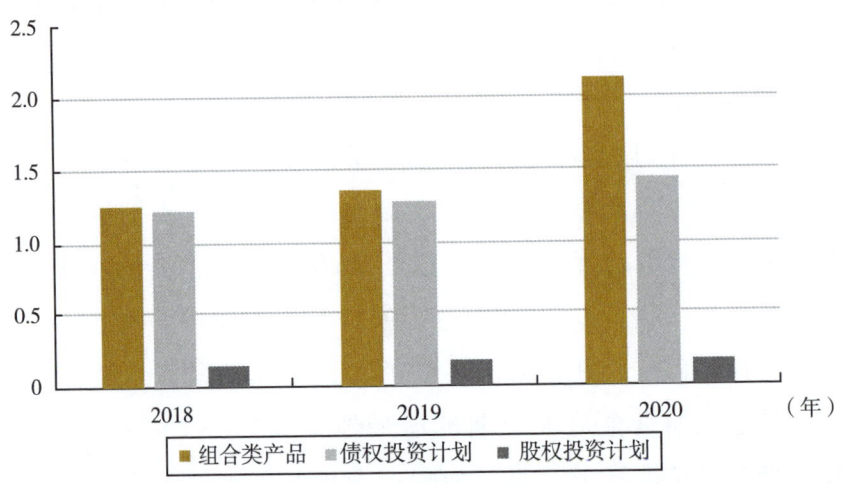

图5　2018~2020年保险资管产品存续规模

资料来源：中国保险资产管理业协会、中保保险资产登记交易系统有限公司。

(二) 相关政策建议

1. 强化合格金融机构准入制度

第三支柱覆盖范围包括保险、银行、信托、保险资管、证券、基金等多种金融机构类型,涉及人社、金融、财政、税务、民政等多个监管部门。针对金融机构的准入,应整合监管力量,研究完善监管措施,遵循安全、审慎、长期、稳健的原则制定严格的准入门槛,采取定量与定性相结合的手段,在人才队伍、投资能力、风险管理、系统建设等方面,择优遴选形成个人养老金投管人白名单,确保合格金融机构在资产配置能力、产品发行能力、风险管控能力、信用管理能力及机构合规经营延续性等方面符合要求。

2. 规范个人养老金融产品供给

近年来,居民个人养老金融服务需求迅速增长,与融资、增值、税筹、保障、传承等综合财富管理服务的边界日益模糊,实现老有所养需要建设高质量、多样化的产品供给体系。因此,建议统筹考虑建立第三支柱"养老金融产品"认定机制,认定机制可按照"封闭运营、收益稳健、精算平衡、长期领取"原则,最大限度规避市场风险、投资风险、道德风险,在产品设计中突出养老特征,关注生命周期不同阶段的人口需求,体现长期性、收益性、安全性和便捷性。养老金融产品在发行前,管理人应在相关金融监管部门或指定机构进行事前审批或事前登记程序,并规范开展信息披露。同时,监管机构应加强事中监督和事后惩处力度,通过过程监控、审计监督有效防范第三支柱养老金投资风险,严禁假借养老之名的金融产品脱离保障和提高养老生活水平的实际定位。

3. 加大政策支持力度

推动自愿性个人养老金持续发展,关键是要扩大覆盖面提高参与率。相较财政直接补贴,税收优惠政策所需投入更少,激励作用更明显。建议从个人养老账户层面出发设计制定税收优惠政策,在保险缴费、投资收益、养老金领取等环节分别做出明确规定,并结合个税起征额和扣除项、通胀及人均收入水平等因素动态调整。比如,研究推动其他养老类金融产品比照税延型商业养老保险取得税收递延优惠;提升养老金领取阶段的免税比例;对于部分无业人员、农业劳动者群体等,可适当给予政府补贴鼓励其积极参与。

第六节　商业银行探索推动养老金金融业务高质量发展[*]

一、发挥大行优势做好养老金受托资产管理

2020年10月，党的十九届五中全会提出"实施积极应对人口老龄化国家战略"，首次把积极应对人口老龄化上升为国家战略，为"十四五"时期乃至今后更长时期应对人口老龄化提供了基本遵循。顶层设计的护航及中国资管行业的蓬勃发展，将让养老金融发展迈上快车道。

作为我国养老保障体系的第二支柱，截至2020年底，全国企业/职业年金积累基金3.6万亿元；自《企业年金试行办法》出台，2007~2020年，企业年金累计收益率达到168.14%，年均收益率达7.3%。由此可见，以"受托"为核心的第二支柱管理模式对养老基金发展行稳致远发挥了积极作用，受托机构也在养老金投资中展现出日益重要的引领和指导作用。

包括农业银行在内的银行业受托管理机构，始终将年金受托业务作为未来发展的重要支点和履行社会责任、金融助力养老保障体系建设的重要着力点。未来，银行业可依托政策红利、自身稳健的经营理念、完善的运营机制、完备的风控体系，积极发挥大行优势，

---

[*] 本节源自中国保险资产管理业协会养老金管理专委会《养老金融双周评》2021年第5期（总第18期）。作者：中国农业银行股份有限公司吴伟英、楚立松、李静、刘青松、刘云华。

聚焦"专业化+科学化+综合化+数字化"建设，不断夯实受托管理根基，协同做好养老金管理，持续为推动新时代新格局下我国养老保障事业长期高质量的发展做出贡献。

（一）围绕专业分工，强化受托人和投资管理人良好协同效果

养老金治理结构下，受托人与投资管理人的专业能力、良好的协同互动效果，将极大影响养老金投资收益。受托人的主要优势是计划层面的多资产配置，是在分析投资目标和约束基础上，对养老金长期投资风格、组合搭配、资产摆布作出的整体性安排。随着2020年底年金基金投资政策95号文出台，给予年金基金更加多元化配置空间，并明确计划/组合层投资比例双限及穿透管理要求，进一步凸显监管专业化导向。受托人应立足政策导向和养老金计划层面，进一步聚焦关注和审慎解决资产比例中枢、允许波动范围、投资结构等配置相关问题，以及产品准入、集中度把控等风控相关问题，进一步强化资产配置职能。投资管理人应专长于细分资产类别中的主动管理，在战略资产配置方案指导下，凭借专业稳健的投资管理能力，在组合层面把握市场机遇，增强投资业绩，逐步通过投资提高替代率。

（二）围绕科学管理，推动养老金受托管理因势而新、因客而动

当前企业年金已有逾十年发展，随着职业年金落地运营，第二支柱提质增速呈现一些新的变化。一方面，养老金市场由竞争逐步转向竞合关系，需要以受托为核心，不断强化各方管理机构间的合作共促。尤其职业年金管理模式下，更加凸显受托与投管端强化合作的重要性，对受托—投管理念一致、风格契合、节奏合拍、资源共享、风险共担等都提出新的研究课题。另一方面，养老金管理逐步从完善机制转向专业人才的较量，从单一业绩转向全方面综合服

务的评价。做好受托管理，不仅是协同投资管理人把资金拿来投资并给出回报这样一件简单的事情，而应在投研配置、前台拓展、中台服务、后台运营等方面进一步整合力量，打造一揽子有机协作的专业服务体系。同时，面对未来激烈的市场竞争，更需找准机构自身定位和特色。公司的核心竞争力来自于公司的历史和传承，养老金管理是百年事业，针对事关百姓退休养命钱的资金，更应坚守责任，保持公司自身风格、稳健文化和战略定力，把养老金管理视作使命的传承。

（三）围绕综合优势，利用集团资源助力养老金管理

商业银行有着审慎稳健的投资理念、完备的运营体系和服务渠道，尤其在信用管理及风险控制方面优势明显，通过广泛的存贷业务，获取较为全面的数据，能够更精准地持续开展信用风险跟踪，提供更为贴合的内部评级信息。应该看到，资管新规以来，金融市场监管调控趋严，特别是新冠肺炎疫情后，国内外经济发展形势严峻复杂，信用违约呈现频发态势，诸多"灰犀牛""黑天鹅"事件值得高度警惕。作为养老金管理的大管家，银行业受托管理机构更应进一步强化核心优势，不断健全涉及全行风险、信贷、金融市场、投资银行在内的投研联动机制，最大限度保障养老金受托管理共享信贷、风险、评级、产品、金融市场业务资源，最大限度提高驾驭风险的能力，提升受托资产管理和风险预判水平。

（四）围绕科技赋能，驱动受托管理提质增效

当前养老金管理逐步开启数字化转型，受托管理机构通过不断加大信息科技研发投入力度，加快信息技术与业务融合步伐，为养老金管理实现规范化、标准化、迅捷化、智能化提供了有力技术支撑。未来，银行业受托管理机构应积极向数据化受托管理转变，在

"金融+科技"战略指导下,持续推进受托运营、投资监督、网上和移动端服务渠道建设朝着开放化、智慧化、一体化方向发展,进一步夯实受托业务技术基础,提升自动化、智能化水平,更好支持受托客户服务、稳健投资和风险管控。

二、商业银行服务第三支柱养老保险的路径思考

(一)商业银行服务第三支柱养老保险的必要性

1. 服务国家战略,践行商业银行社会责任

根据第七次全国人口普查结果,我国65岁及以上人口占13.5%,与2020年相比提升了4.63个百分点,人口老龄化程度进一步加深。为应对"未富先老""未备先老"的严峻形式,"十四五"规划中明确提出实施积极应对人口老龄化国家战略。2021年2月,习近平总书记在中共中央政治局第二十八次集体学习时,强调"要加快发展多层次、多支柱养老保险体系"。2021年两会期间国新办发布会上,人社部表示,已基本确定建立以账户制为基础、个人自愿参加、国家财政给予税收支持,资金形成市场化投资运营的个人养老金制度;中国银保监会也提出要"进一步开发符合人民群众需要的银行产品,规范发展第三支柱养老保险等保险服务"。作为我国金融体系的中流砥柱,商业银行积极参与第三支柱养老保险建设是服务国家战略、践行社会责任的必然要求。一方面,商业银行稳健的经营理念、完善的运营机制以及丰富的账户管理经验,有利于推动建立以账户制为核心的第三支柱养老保险服务体系。另一方面,商业银行广泛的客群基础、良好的商业信誉以及完善的产品销售体系,能够为满足人民群众多样化养老金融服务需求提供有力支撑。

2. 加强市场培育，普及全民养老金融知识

目前，我国三支柱养老保障体系发展严重失衡，其中第一支柱基本养老保险一支独大，第二支柱企业年金和职业年金覆盖面十分有限，第三支柱即个人养老金则刚刚起步。同时，由于我国城乡居民金融知识水平参差不齐、普遍缺乏养老储备及投资意识，第三支柱市场培育及投资者教育工作任重道远。商业银行依托客户至上、稳健发展的经营理念，完备的内外部风控监管体系，值得信赖、安全可靠的优良品牌形象，在客群服务、市场培育、投资者教育等方面具有天然优势。一方面，商业银行具有我国金融行业最为庞大的线上线下服务网络，累计超过 40 亿人次客群，能够有效地向目标客户宣传第三支柱业务，从而实现业务迅速扩面，加快市场培育进程。另一方面，商业银行在投资者教育和消费者权益保护方面经验丰富，近 400 万名商业银行员工具有强大的宣传能力，能够有效传导国家养老政策和投资理念，广泛普及各类养老金融知识，提升全民养老金融教育水平。

3. 优化投资结构，增强个人资产配置能力

针对第三支柱养老保险即个人养老金业务，前期各行业金融机构进行过很多有益尝试，但与传统金融产品相比，普遍养老特性不突出，整体规模也十分有限，亟待开发符合人民群众养老金融需求的专属产品。第三支柱养老保险管理的资金是客户的养老钱，需要确保资金安全，商业银行一贯秉持稳健的风险偏好，与第三支柱发展需求高度契合。一方面，商业银行拥有完备的风险管理体系、丰富的风险管控经验和稳固的信用基础，加之有效的托管机制，能够最大限度地保证资产安全。另一方面，商业银行独特的储蓄存款和理财产品，具有渠道、客群以及固收类和非标等长期限资产投资优势，有利于优化养老金资金结构、获得相对稳健可持续的投资收益，并拓宽个人养老金投资品种。同时，个人投资者相比较机构投资者

而言，更需要养老金融规划和投资顾问服务，商业银行凭借完善的投资者交易体系、人数众多的理财规划专业人才、专业稳健的投资管理能力，以及对养老专属客户的全面画像，能够提供从账户管理到全产品线投资的一揽子养老金融解决方案。

（二）商业银行服务第三支柱养老保险的可行性

1. 丰富的客户储备，有利于第三支柱政策迅速扩面

商业银行是我国成立最早的金融机构，拥有遍布全国各地、分布各行各业、不同年龄层次的个人客户和覆盖范围最广的企业客群。基于发达的网点体系、多样化的渠道布局、庞大的服务网络、强大的信用背书，长期以来，商业银行树立了信誉优良、安全可靠的品牌形象，成为和我国居民联系最为紧密、最值得客户信赖的金融机构。一方面，通过积累的海量客户数据和强大的信息系统及服务网络，商业银行能够精准定位、响应客户需求，迅速挖掘养老金第三支柱业务的潜在客户。另一方面，依托属地化服务和从业人员众多的优势，能够为第三支柱业务提供分销渠道，更能在投资者教育与引导方面发挥重要的作用。同时，基于在服务第一、第二支柱中积累的客户资源，相比其他金融机构，商业银行开展第三支柱业务能够降低沟通成本，通过与参保人之间的各种金融业务联系，可以了解其收入和资产配置情况，帮助客户选择最适合的第三支柱方案。

2. 稳健的资管能力，为个人养老金提供优质产品选择

经过多年发展，商业银行在资管领域中不仅积累了丰富的跨境、跨业、跨市场投资管理经验，而且具备信托、基金、保险、租赁、投行等多牌照、综合化的集团经营优势。无论是在自有资金投资，还是委托资金投资方面，商业银行都有着较为丰富的资产项目和专业人才储备，业务规模和经营业绩均保持领先地位。尤其对于固定收益类的资产投资业务，由于商业银行广泛参与债券市场，在判断

利率走势、配置债券、选择交易策略、管理信用风险等方面都有显著优势。同时，银行理财也是我国资管行业的主力军，作为第三支柱养老保险可投资的金融产品，具有风险较低、收益稳健的特征，这与第三支柱养老保险产品要求的稳健收益目标不谋而合。同时，商业银行在提供养老金第一、第二支柱投资管理服务中积累的丰富经验，也为做好第三支柱资产管理夯实了根基。

3. 全面的风控体系，为个人养老资金安全运作保驾护航

商业银行有着完备的风险控制体系、审慎稳健的经营和投资理念，能最大限度规避信用风险和操作风险。同时，凭借研究团队对市场的专业研判、多元化的业务种类和庞大的业务规模，能有效抵御各类市场风险，保障养老金业务的资产安全。一方面，商业银行始终坚持资本约束下的总体风险管理原则，通过建立独立审慎、与业务相匹配的全面风险管理体系，将内部风险管控措施渗透到各业务条线、流程环节和不同岗位中，全面夯实业务基础。另一方面，商业银行风险管理能力在我国金融行业居于前列，并一直致力于进一步建立健全全面风险管理体系，通过实施资本管理高级方法、建立全面风险管理框架和组织体系、强化内控审计职责、完善风险管理制度和操作规范、深化操作风险管理体系建设，不断优化风险管理方法及模式，持续提升全面风险管理水平，为有效管控第三支柱养老金业务各类风险筑牢根基。

4. 强大的系统建设，助力养老金融行业数字化转型

商业银行始终致力于以科技创新引领业务发展，通过不断加大信息科技研发投入力度、加快信息科技与金融业务融合步伐，建立了与时俱进的数字化转型体系，为第三支柱养老保险业务发展提供了强有力的技术支撑。一方面，商业银行积极探索推动信息技术基础架构的升级换代，不断提高信息系统建设的标准，持续优化完善客户管理、账户管理、投资管理等系统平台，推动信息技术系统建

设不断朝着开放化、智能化、一体化方向发展。另一方面，商业银行已逐步建立起完善的信息管理和信息安全体系，通过制定信息安全系统保障策略、实行信息安全等级管理、构建安全技术防范系统，全面提升了商业银行信息管理水平和信息安全等级，为第三支柱养老保险系统建设提供了充分的技术安全支持。

（三）商业银行服务第三支柱养老保险的主要路径

1. 建设个人养老金专用账户体系，服务客户多样化养老金融服务需求

商业银行依托在个人结算账户管理、企业年金账户管理等方面的巨大优势，及长期以来积累的风险管控、信息系统建设、服务消费者等方面的经验和技术，可以通过建设个人养老金专用账户体系为第三支柱养老保险提供专业化的账户管理服务。该账户体系兼具资金账户和权益账户双重属性，具有缴存资金、登记税延、领取待遇、代扣代缴个人所得税、查询资金与权益信息等服务功能，能够支持投资包括养老储蓄、养老理财、养老保险、养老基金等多品种的专属个人养老金融产品，从而满足人民群众多样化的养老资金储备和投资管理需求。同时，基于此专用账户体系，通过与有关监管部门平台、产品行业平台实现有效信息核对和校验，确保第三支柱制度依法合规、高效运作。

2. 搭建个人养老金融产品服务平台，提供专业化、智能化、一体化的养老财富管理服务

商业银行拥有遍布全国、横跨城乡的线下网点和灵活多样的线上渠道，在投资管理方面始终秉持长期投资、价值投资理念，尤其在信用管理、流动性管理及风险控制方面优势明显，与第三支柱发展需求高度契合，有能力为第三支柱提供丰富的个人养老金融产品与高质量的专业化服务。商业银行可以通过搭建个人养老金融产品

服务平台，发行销售养老储蓄、养老理财，依托集团优势，发行销售养老基金、养老保险，并为市场上其他合格养老金融产品提供代销平台。同时，基于对客户的全面画像和需求挖掘，提供包括默认投资组合、投资顾问、财务规划、税务咨询等综合金融增值服务，并在未来拓展提供健康管理、医养结合、法律顾问、财产保全、消费优惠等全生命周期养老增值服务。

3. 增强全民养老金融教育，助力县域乡村市场、城市灵活就业人群养老制度覆盖

商业银行凭借线下网点和线上渠道优势，及拥有的广泛客群，将持续做好个人养老金制度宣传和推广，通过在网点、掌银等渠道建立养老服务专区，有效开展客户养老金融教育，不断增强全社会养老金融储备和投资意识，坚持培育"长期投资、价值投资、审慎投资"的稳健投资文化，并通过提供各类便利客户措施，优先向可享受税延优惠的高净值客户进行推介，并逐步向广大基本养老保险民众普及。同时，为积极配合国家健全多层次养老保险体系重点工作，商业银行将针对目前养老保险体系覆盖不足的县域乡村市场，及城市灵活就业、新业态、农民工等人群，研发"乡村养老""普惠养老"主题的个人养老金融定制产品和增值服务，降低管理费率，切实让利于民，为服务国家乡村振兴，提升多支柱养老保险体系覆盖范围贡献力量。

第七节　商业银行开展养老金融的模式和路径[*]

一、以企业年金为突破口，探索第二支柱发展路径

"十四五"规划纲要明确提出，要实现基本养老保险全国统筹，发展多层次、多支柱养老保险体系。当前实现基本养老保险全国统筹已具备较好的基础，但以企业年金和职业年金为补充的第二支柱和以个人储蓄性养老保险和商业养老保险为补充的第三支柱，仍然表现为发展不均衡的局面。

截至2021年一季度，全国企业年金建立企业109 008个，参与职工2 778.92万人，积累基金23 163.84亿元；截至2020年末，全国33个地区中已有32个地区约1.29万亿职业年金基金启动投资运营，覆盖全国约4 174万名机关事业单位人员。一方面，我国企业年金覆盖面极其偏小，加上正在全面启动的机关事业单位职业年金，第二支柱覆盖人群不超过7 000万人，远远达不到缓解基本养老保险压力的作用。另一方面，虽然企业年金覆盖面不足基本养老保险覆盖面的1/10，但企业年金积累基金额已经超过基本养老保险基金结存额的1/3。因为企业年金制度建立时间较短，参与者大多离退休时间较长，所以基金积累较快。然而，企业年金领取人数以及领取金额均呈现逐渐增长的趋势，即基金支出规模会逐渐增大。

---

[*] 本节源自中国保险资产管理业协会养老金管理专委会《养老金融双周评》2021年第6期（总第19期）。作者：招商银行股份有限公司　招银理财有限责任公司王兴海、张弘、吴玲娜、杨董、丛睿娇、许瑞珣。

招商银行高度重视养老金业务发展，将其定位为长期战略性业务。2001年，招商银行被人力资源和社会保障部授予国内首家账户管理人试点资格；2003年，招商银行为我国首家企业年金试点央企提供年金业务账管服务。招商银行年金业务经过20年努力探索和积极实践，已发展为具有全牌照管理资格的养老金服务机构。目前全国33个职业年金计划均已中标获取服务资格，其中28个计划均在服务运营中。职业年金和企业年金服务规模超5 000亿元，为第二支柱建设积累了丰富的管理和服务经验。今后我们也将继续积极推动第二支柱发展，与国内同行携手共同推进多层次养老保险体系建设。

2021年6月底，西藏作为全国最后一个启动职业年金管理人选聘的地区完成了职业年金计划受托人的评选，标志着作为养老保险体系第二支柱重要组成部分的职业年金步入稳健发展阶段。相比，企业年金虽然起步更早，但由于对发展企业年金应有的鼓励和政策支持不足，目前还未形成大规模增长态势，仍是一片待开拓的蓝海。

结合我国政策环境和养老行业发展现状，参考发达国家养老金管理经验，针对如何激励第二支柱中企业年金发展，提出两点建议。

(一) 积极探索扩大企业年金覆盖面

在补充养老保险体系建设中，税收优惠是整个体系建设的关键，而职业养老金的建设对于第二、第三支柱基金积累则起到了至关重要的作用。无论是美国、英国等金融发达国家，还是我国作为金融发展中国家，大部分人的税收规划意识以及投资理财意识都不足以因为一定的税收优惠而对养老储备产生足够的兴趣。以美国为例，传统的IRAs是第三支柱个人退休账户中最主要的类型，但从其构成以及资产来源来看，IRAs应是第二、第三支柱的混合体，并且以第二支柱为主的，因为传统IRAs可接受各类养老金计划的转账。2008

年到 2015 年，曾统计过 25 岁到 69 岁的传统 IRAs（美国第三支柱个人退休账户中最主要的类型）持有人中，79% 的人从未缴费，另外 21% 中近 1/3 仅有 1 年缴费，大部分个人养老金资产均来自职业养老金资产转账。所以扩大企业年金的覆盖面对于整个补充养老保险体系建设都是至关重要的。

1. 积极探索企业年金半强制的可行性

以英国为例，从 2012 年开始，所有雇主都强制参加、符合条件的新雇员自动加入年金计划。到目前，英国职业养老金参保率已经从 2012 年的 46% 提高到 85% 以上，英国养老金储蓄已经达到 1.7 万亿英镑，仅次于美国，占英国 GDP 的 86%。与此同时，2020 年底，我国基本养老保险积累基金 5.8 万亿元人民币，企业年金和职业年金积累基金 3.6 万亿元人民币，合计共占当年 GDP 的 9.3%。

从我国实际情况出发，由于我国相较美英等发达国家经济实力仍有一定距离，所以强制建立企业年金对于我国中小企业占绝对数量的市场环境而言是暂不可行的，但是对于我国全球第二的经济总量而言，采取半强制建立则有一定可行性。

随着近三年减税降费政策的推进，一方面在经济周期下行的环境下帮助大部分中小企业渡过难关；另一方面，各地企业职工基本养老保险单位缴费比例由之前的 20% 下降至 16%，这一政策对于大型企业无疑是减税降费中最大的受益方，因而我们这些企业也有义务将一部分节省的费用为职工建立企业年金，保证职工的福利并为基本养老保险减轻压力。所以可以探索一定纳税规模以上的企业强制建立企业年金，既保证了企业的负担能力，也有利于扩大企业年金的覆盖面。

2. 探索政府主导的行业集合计划

在实际中，一些中小企业有一定的意愿建立企业年金计划，但是出于对企业年金计划管理压力、对企业存续时间的担忧等因素无法推进。建议以政府主导的行业集合计划为突破口，为某些重点行业的核心人才建立集合年金计划，既减轻了企业的管理压力，也减轻了职工对企业存续能力的担忧，同时由于相同行业在员工福利方面具有较大的相似度，也方便管理。

3. 增加第二支柱对于企业的吸引力

目前，企业为企业任职或者受雇的全体员工支付的补充养老保险费、补充医疗保险费，分别在不超过职工工资总额5%标准内的部分，在计算应纳税所得额时准予扣除，超过的部分，不予扣除。而从企业年金缴费的上限来看，企业最高可以缴纳职工工资总额的8%。为了鼓励企业建立企业年金，建议允许企业年金的缴费在企业缴纳所得税前全部列支。

（二）发挥第二支柱在资本市场中的引导作用

企业/职业年金基金作为我国养老保障体系中的重要一环，为完全累积基金，并且不需要财政兜底，投资表现受到参保人的密切关注，因而企业/职业年金基金的投资具有极高的引导作用。

1. 引导个人投资者自主选择投资组合

近些年我国加大了对资本市场的投入和支持，商业银行也在不断丰富个人投资品种，但从大多数个人投资者投资资产的结构来看，投资存款和银行受托理财产品的资产占比仍然超过70%，说明我国的个人投资者对于分散投资、均衡配置的认知明显不足，大多还没有切实参与到资本市场中。因此，加大投资者教育刻不容缓，监管机构和各金融机构需通过线上、线下等多渠道向广大投资者传导长期投资和资产均衡配置的理念，引导投资者逐步参与资本市场，促进资本市场的繁荣稳定。

此外，可以借助与个人投资者交互较多的企业年金和职业年金，在一定范围内引导个人投资者自主选择投资组合。一方面因为切实参与到养老金投资工作中来有利于提高个人的投资理解,从年复一年的组合选择中逐渐理解长期投资的重要性;另一方面,有利于金融机构丰富对个人投资者在长期投资中所考虑因素的认识,继而更好地展开工作。

2. 引导长期化投资理念

在第二支柱企业年金和职业年金资产投资管理中,我们仍能够感受到部分客户对短期投资收益的高度关注,说明企业年金和职业年金基金的长期投资理念仍未能正确树立。而企业年金和职业年金作为我国养老保障体系建设中的重要构成,相对短期的投资理念不仅限制了投资的正常开展,更不利于养老保障体系的充分发展。建议企业年金和职业年金各方管理人,充分发挥各自的角色定位引导市场各方树立长期化投资理念,委托人和代理人应建立中长期考核机制,给予受托人及投管人更多的投资空间;受托人及投管人应以长期稳健增值为目标进行年金基金管理。

二、养老产品设计原则和发展经验

(一)养老产品发展的国际经验

养老产品[①]在美国、日本、德国等国家起步较早,这些国家发达程度较高,老龄化现象出现得更早、程度更严重,养老产品的创新发展层出不穷,有较多可以借鉴之处。

1. 提高养老覆盖率

(1)自动加入机制。美国养老金体系第二支柱401(K)计划及第三支柱个人退休账户(IRAs)均设置有自动加入机制,即默认

---

① 养老产品:此处泛指第一、第二、第三支柱养老金产品总称。

从人们的工资收入中自动扣缴。

美国第二支柱养老保险计划分为两类,缴费确定型(Defined-Contribution,DC)计划和待遇确定型(Defined-Benefit,DB)计划。401(K)计划是缴费确定型计划中占比最高的一类。美国2006年推出的《养老金保护法案》中规定了第二支柱401(K)计划的自动加入机制,即雇主无须雇员书面同意,就可以从雇员工资中自动扣减缴费,同时要求雇主适当匹配缴费,提升雇员缴费积极性,推动养老储蓄覆盖率进一步提高。

个人退休账户属于美国第三支柱养老金计划,是享受税收优惠的个人长期储蓄养老账户。允许70岁以下的人从税前收入中,向该账户内存入限定额度的资金,期间针对投资收益免税,直到退休后提取资金时,才缴纳相应所得税,提前支取需缴纳罚金。对于个人退休账户中的罗斯型IRA①计划,雇主可以无须征求雇员同意,直接从工资扣款缴纳,进一步促进了雇员进行养老储蓄。

(2)税收优惠。以美国为例,美国陆续推出《雇员退休收入保障法案》《税收改革法案》《国内税收法典》等政策,以税收优惠等形式鼓励雇主与雇员共同建立养老金计划[如401(K)账户],并鼓励雇员建立个人退休账户(IRAs)。

在第二支柱方面,401(K)账户适用于私人企业及部分非营利性组织,不仅雇主缴费能够获得税前扣除,雇员缴费也在个人所得税中得以税前扣除,只有当个人账户资金被取现或退休领取时,雇员才缴费税款。该账户对雇员而言具有税收递延的效果,能够有效鼓励雇员增加长期养老储蓄资金。

在第三支柱方面,员工个人从税前收入中向IRAs账户内存入限

---

① 罗斯型IRA:个人退休账户中的一种,存入本金需要交税,但是取出时不需要交税,和传统型IRA相反。

定额度的资金进行投资，期间针对投资收益免所得税，退休后提取时才缴纳相应所得税，提前支取还需缴纳罚金。

（3）财政补贴。有些国家为了推动人们积极进行养老储蓄，甚至不惜动用财政补贴。例如，德国的李斯特养老金计划要求参与者将税前工资的一部分存入专属储蓄账户，并可借此获得政府的基础补助。如果存入比例不达要求，仍可按照实际比例获取相应补助。该类机制以财政补贴的形式鼓励参与者储蓄，提升养老资金存量。

2. 投资产品选择

大部分投资者通常缺乏投资专业知识，一些投资者过于保守，只将养老储蓄置放于存款账户，易受通胀侵蚀；一些投资者在年轻时大比例配置于高风险资产，但随着年龄增长，需要调低高风险资产的投资比例时，投资者可能会忘记或者懒于调仓。因此，如何引导投资者动态地结合自身情况投资于具备长期收益的投资品至关重要。

（1）引入投顾帮助客户配置资产，为投资者提供专业化的投资服务。在投顾帮助客户配置资产、提供专业化的投资服务时，要注意避免投顾的利益冲突问题，国际上规避投顾利益冲突的经验具体如下。

英国经验：英国虽然投顾业务较为发达，但是长期以来卖方投顾占主导，即投顾从产品发行方收取佣金，投顾的产品推荐行为更偏向于产品销售行为，利益冲突较为严重。为了防止利益冲突，英国金融监管局于2012年底推出"零售分销制度"改革，禁止投资顾问从产品发行方收取佣金，投资顾问必须向投资者收取投顾费用。

日本经验：在日本，投资顾问公司、投资信托公司、寿险、券商、银行等在厚生省注册后均可作为第二支柱养老计划的投资管理人。在日本第二支柱养老计划的运作环节中，投资管理人的角色很重要，需要筛选合适产品，并向投资者推荐。但是，投资管理人需履行受托人义务，从投资者利益出发，从市场上广选优质产品，不能只提供自家公司的产品。

（2）引入默认合格投资品，帮助投资者解决"投什么"的选择难题。

美国经验：为解决参与人惰性及选择困难的问题，美国2006年推出的《养老金保护法案》中引入了养老金合格投资品机制。当参与人由于各种原因未能对账户中的资金作出投资品种选择时，养老计划的受托人有权代表参与人作出投资行为，选择雇主指定并经受托人审核的方案作为默认投资品种，并无须对投资损失承担责任。目标日期基金也被纳入默认投资品中，由于能够让投资者免于频繁调仓的烦恼，因此成为一项受欢迎的默认投资品。

日本经验：为了保护投资者，日本对可纳入养老账户的产品进行了严格筛选。例如，在第三支柱方面，日本政府推出的流动性较强的个人税优账户NISA①中，政府对其可投资品种设置了严格的准入门槛，在5 000多个股票型投资信托中，筛选出50个左右符合要求的产品，作为NISA的投资对象，并对费率、期限、投资品种作出一定限制，以便于投资者将NISA账户定位为懒人投资，无须过多专业知识即可自主完成投资行为。

3. 鼓励投资者长期持有的机制

养老金属于长期投资资金，可通过引导投资者长期持有，熨平市场波动，获得长期的高收益，国外通过"疏堵"结合的方式，引导客户长期投资。堵，即通过设置提前支取惩罚、对客户调仓行为进行强限制等。疏，通过抵押贷款等，给予投资者一定的流动性安排，帮助投资者解决燃眉之急，从而鼓励投资者长期持有养老金。

（1）提前支取惩罚条款。以美国的401（K）计划为例，政府对提款条件进行了严格限制，并设置特殊情形下的取款条件。投资

---

① 个人税优账户（NISA）日本第三支柱养老金计划的一部分。

者只有满足某些特定条件才可以进行提款，如：年龄大于59.5岁、死亡或永久丧失劳动能力；需支付超过年收入7.5%的医疗费用；55岁以后离职、被解雇或提前退休并对该种情形强制征收高额罚款。

此外，如果为了支付本人、配偶或被抚养人的医疗费用，支付本人、配偶或未成年子女的学费，购买房屋等而需要提前支取，则该类用途下的取款无须偿还，但投资者1年以内无法继续缴费，需自行承担提前取款导致的所得税及10%罚金。

（2）给予一定的流动性安排。美国的401（K）计划有贷款制度设计，满足计划参与者的流动性需求。计划参与者可以向自己的401（K）计划账户贷款，借款额度为账户余额的一半、5万美元中的较小值，要求5年内还清（如贷款买房可适当延长还款期限）。该笔贷款无须信用征信，但需要偿还利息，利息部分计入原持有者401（K）账户，本息均归账户持有者所有。

（3）限制投资者调仓频率，防止投资者追涨杀跌。日本养老体系第二支柱中的企业DC计划由雇员自行进行资产配置，政府规定每三个月才可调整一次投资组合，能够有效防止投资者频繁调仓，促进资金的长期稳定。

（二）养老产品的设计原则

结合国际经验和招银理财的探索实践，本文认为，好的养老产品在设计上要充分考虑五个原则，分别是多样性、适配性、长期性、便利性和稳健性。

一是多样性。不同的养老客群，年龄段不同，财富状况不同，风险偏好、风险承担能力和收益需求都可能有很多不同，应该提供多样化的产品。

二是适配性。养老产品尤其要强化投资者适当性和需求匹配度，为客户提供最匹配其养老需求的产品。

三是长期性。一方面，需持续进行投资者教育，引导投资者逐步认识到长期投资的重要性。在产品设计层面，还需通过最短持有期、调仓频率限制、赎回费用等机制安排，强化产品长期限属性，引导客户长期投资。

四是便利性。在产品层面，需通过设计自动扣款、定投、设置默认合格投资品、抵押贷款机制等机制方面客户定期购买。

五是稳健性。在产品层面，可通过大类资产配置、全球配置，分散风险，追加绝对收益等方式提升产品稳健特征。

（三）我国推动养老产品发展的对策建议

1. 拓宽养老产品覆盖面

目前，我国企业年金发展较为缓慢，第三支柱个人养老保障起步较晚，目前仅将保险公司提供的个人税收递延型商业养老保险纳入个人税收递延账户，商业化养老金产品品类较少，且税延优惠刚刚起步，通过第三支柱进行个人养老保障的群体较为有限，整体来讲拓宽覆盖面任重道远。可以借鉴国际经验，通过政策与机制吸引个人增加养老资金的安排，扩大养老金的覆盖面，比如税优税延政策、财政补贴安排、工资自动扣缴机制等。

2. 积极发展买方投顾业务，完善投资品选择机制

目前，投资者缺乏从全市场选择优质产品并根据自身所处不同年龄段进行调仓及配置的专业建议。国内资管产品的投资顾问仍以卖方投顾为主，即向卖方收取费用，以销售产品为主要目的，利益冲突难以避免。2019年证监会发布《关于做好公开募集证券投资基金投资顾问业务试点工作的通知》，要求试点机构同时开展基金销售业务的，应当对基金销售费用的收取作出合理安排。向基金管理人收取客户维护费的，应当以客户维护费抵扣投资顾问服务费等方式避免利益冲突。可参考公开募集证券投资基金投资顾问业务，鼓励养老产品销售机构从客户角度在全市场筛选产品，积极发展买方投顾业务，推动投顾模式转型。

3. 发挥银行理财在养老金投资中的作用，为客户提供多元化选择

首先，银行服务广大的个人客群、有遍布全国的分支机构和成熟的理财顾问队伍，是发展养老金融事业的重要力量。其次，银行理财的宏观经济研判与大类资产配置能力，在债券和非标投资上的长期经验和风控能力，以及甄选与整合各方机构资源的大平台整合能力，这些能为养老产品带来长期稳健的收益回报，同时也能支持实体经济和基础设施建设。最后，银行理财已经多年探索养老产品，积累了相关的经验，也有一些品牌积淀。为了给客户提供更多元化、更稳健的养老理财投资选择，可考虑将银行理财纳入养老金投资范围、将银行理财子公司纳入养老金投资管理人范围。在默认投资品的选择中，将回撤小、收益稳健的银行理财纳入考虑范围。

4. 产品特性需进一步适配养老客群需求特征

一是产品多样性有待丰富。客户因年龄、财富状况、风险偏好、风险承担能力和收益需求不同，而对产品的需求更加多样化。养老产品不仅面向中老年客群，还要考虑年轻群体的需求。例如，老龄客户重分红，年轻客户重收益。二是需要培养客户长期投资习惯。国内投资者短期投资的思维比较常见，对于中长期限养老产品接受度仍有待进一步提升。三是增加客户使用便利性。目前第三支柱发展还处于起步阶段，可供选择的产品类型较为有限，一些投资者会不知道要投什么，除了发展投顾业务以外，在产品层面，也较为缺乏增加客户选择便利性的设置；且由于养老产品普遍期限较长，部分投资者还面临着投资后需临时取款的情况。四是资产配置还需强化稳健特性。养老产品属于具有重要社会意义的公共产品，必须有稳健的资产配置、清晰的费率结构、较低的交易成本，能够给投资

人安心稳健的回报。在设计养老产品时，需要在投资策略方面强化稳健特性。

5. 加强养老产品的风险控制

养老产品的风险控制建议重点围绕五个层面：一是严格机构准入与持续监管。对投资管理机构的准入标准应该包括完善的公司治理结构、成熟的风险管理体系、专业的投资经验等。二是统一产品风险评级标准，规范信息披露内容。全面披露投资情况、产品收益、交易费用、关联交易等。三是投资管理机构做好相应的投资与风控，包括大类资产配置策略和投资风控体系。四是做好产品结构设计，例如设置策略保本机制、差异化的费率结构和分红计划等，从产品结构上控制风险和引导鼓励长期持有，让投资人真正能够获得长期稳健的回报。五是强化销售管理，养老产品尤其要强化投资者适当性和需求匹配度，为客户提供最匹配其养老需求的产品。

资料来源：

[1] 美国投资公司协会（Investment Company Institute），《2018 Investment Company Fact Book》，2018.

[2] 英国金融行为监管局（Financial Conduct Authority），《Asset Management Market Study Interim Report》，2016/11.

[3] 日本投资信托协会（Investmengt Trust Association），《JAPAN'S Asset Management Business 2018/2019》，Nomura Research Institute，2018–2019.

[4] Hisashi Kaneko，《Financial Information Technology Focus》，2017/5.

[5] 新金融城，《招银理财陈萍：发挥银行系优势，助力养老金融事业》，2020/12.

专题二
基金信托业推动养老保险体系建设

第一节 养老金产品的演进历程与发展建议[*]

一、养老金产品的演进历程

随着年金市场不断发展和年金投资管理模式逐渐进化,养老金产品从无到有,作用发挥也越加凸显。可以说,养老金产品是年金投资管理模式发展到一定阶段的必然产物。纵观养老金产品的发展历程,可以划分为三个阶段。

(一)2013~2016年:萌发成长阶段

在这一阶段,各机构主要是根据自身的资源禀赋发行产品,比如保险机构发行非标型产品占比最大,而基金公司发行股票型产品占比最大。整体来看,这一阶段是养老金产品的发展初期,大部分机构还没有形成特别明确的产品线布局思路。尽管各机构在产品数量上存在差异,但在发展进程上并无太大区别(见表1)。

---

[*] 本节源自中国保险资产管理业协会出版的《中国保险资产管理》2021年第4期(总第36期)。作者:华夏基金管理有限公司胡兵、孙博。

表1　2013~2016年保险机构和基金管理公司
发行产品数量占比前三的养老金产品情况　　（单位：只）

年份	保险机构			基金管理公司		
	非标产品型	股票型	固定收益型	股票型	混合型	固定收益型
2013	5	2	1	1	0	1
2014	17	4	5	4	7	3
2015	14	7	4	6	3	3
2016	15	12	15	10	8	2
合计	51	25	25	21	18	9
占比	34%	16%	16%	34%	29%	15%

注：数据截至2016年末，来源于Wind；分期产品按单独产品计算

（二）2016~2018年：后端归集阶段

2016年末，企业年金市场规模破万亿元，年金组合运作数量超过3 000个，市场头部机构面临的多账户管理问题日益突出，投研队伍也面临较大压力。伴随着行业对养老金产品的认识不断加深，各机构开始利用养老金产品对中小账户进行归集管理，以解决多账户管理的难题。由此，养老金产品进入后端归集阶段。在此阶段的早期，各机构主要以混合型产品作为单一载体进行基金归集，以实现规模效应，提高投资管理效率。发展到这一阶段的后期，部分机构开始通过固收型、权益型、非标型等多种类型的养老金产品进行年金组合的分类归集，并且利用养老金产品实现组合配置化的思路也初步显现。

（三）2018年以来：配置工具阶段

随着养老金投资注重资产配置的理念逐步深入，以及职业年金陆续投入运作，部分头部机构为了整合投资资源，实现资产配置的

精细化，开始对养老金产品布局进行进一步升级完善。部分机构明确将养老金产品定位于年金投资的底层工具，并建立风格明确、策略丰富的产品线，以实现组合层面的类属资产配置。这类思路引领着养老金产品进入了第三个发展阶段，即配置工具阶段。

目前可以看到，越来越多的投管机构将养老金产品定位为年金投资的底层配置工具，强化资产创设能力，通过养老金产品实现精细化资产配置。同时，受托人在计划层面配置养老金产品的思路也逐渐向资产配置的方向演进。

二、现阶段养老金产品的重要意义

（一）是投管人提升投资效率和升级投资模式的重要抓手

1. 通过后端归集提高投资管理效率

随着年金行业不断发展，年金计划与组合不断增加，精细化管理的矛盾日益突出，投资经理管理压力逐渐增大。同时，年金投资范围不断扩大，单个投资经理的能力边界难以覆盖所有投资市场和多元化投资标的，而且单个投资经理的投资风格也无法与多变的市场风格和板块轮动相匹配。在此背景下，养老金产品既能发挥对多账户的归集管理效果，又能在均衡投资风格方面发挥重要作用。

2. 作为底层配置工具促进年金投资管理模式升级

养老金产品使得年金组合投资实现了分层管理。上层是组合层，由组合配置经理负责投资管理。配置经理根据大类资产配置方案，结合组合风险承受能力、市场风格等因素进行类属资产配置，主要通过配置若干个特定策略的养老金产品来实现，以获取组合 β 收益为主。下层是产品层，由产品投资经理进行投资管理，主要目标是获取超越基准的 α 收益。这种分层管理模式对于年金投资具有显著优势:一方面是通过分层管理方式落实了组合业绩负责制,即配置层投资经理对组合业绩负责,产品层投资经理对产品业绩负责,各司其职,权责明晰;另一方面是将过往简单的股债标准配置,进化成以产品为载体的多元化配置,提升了组合管理的精细化水平。

(二) 是受托人实现计划层多重管理目标的有效手段

1. 优化计划层的资产配置效果

受托人通过养老金产品可以在计划层面实施主动的投资行为,通过配置风格型、策略型产品,对计划层的资产配置进行调节优化,均衡和补充投管人的投资风格,进一步提升计划层整体资产配置效果。同时,客观上减少了计划层业绩对投管人的依赖程度,增强对现有投管人短期业绩波动的容忍度,有利于发挥投管人长期投资能力。

2. 增强计划层收益,进一步分散风险

受托人可以通过直投组合在全市场范围内进行养老金产品遴选配置,在精准研判市场走势的基础上,优选特定类型的养老金产品,通过精细化的主动管理,增厚计划收益。此外,由于受托人可以在全市场范围内优选养老金产品,不受计划内投管人数量和风格的限制,从而能进一步分散投资风险。

3. 实现特定目标的管理需要

一方面,受托人可以通过养老金产品直投,在计划层面进行流动性管理,提高年金计划的资金使用效率,也可以在投管人调整、增量资金暂未分配期间进行资金管理。另一方面,受托人可以通过配置养老金产品实现年金计划的某种特定投资管理要求,或投资资源稀缺的产品,或提高基金运作效率。职业年金第一单就是通过受托人直投养老金产品开启投资运作的。

三、养老金产品发展的思考与建议

（一）投管人要增强资产配置和产品投资能力建设

第一，要着力加强资产配置能力和投资体系建设。资产配置能力包括大类资产配置能力和类属资产配置能力。大类资产配置能力是基于宏观判断、估值比较、政策研究等方面，来预测各大类资产的中长期风险收益特征，从而确定大类资产配置比例中枢，以及战术再平衡。类属资产配置能力是利用定量+定性相结合的方法，在对市场机会和风格把握的基础上，对组合层面进行特定策略的产品配置，并进行动态优化管理。此外，还必须注重与之相匹配的投研体系建设，需要建立专门负责组合配置的投资经理团队，还要挖掘投资人才，为各种风格和策略的养老金产品配备合适的投资经理；同时，建立明晰的考核机制，对组合配置经理考核组合整体业绩，对产品投资经理则以考核产品的相对收益为主。

第二，要大力提升产品创设能力和投资能力。产品创新开发既需要考量产品线对于风格、行业、品种及策略等多个维度的覆盖程度，又要追求产品的研究深度，提升创新产品的开发能力，按照多策略、多风格的方向进行全面布局，建立匹配年金精细化配置需要的完善产品线。只有实现产品风格的明晰化和差异化，做到有风格、有特点、有收益，才能真正发挥养老金产品作为配置工具的作用。同时，对于各类不同风格和策略的产品，都要配备具有相应投资能力的投资经理，以获取尽可能多的 α 收益，同时也确保产品策略的执行落到实处，不发生漂移和偏离。

（二）受托人要提升产品化投资的全过程管控能力

第一，要增强投前的市场分析和研判能力。受托人在计划层实现直接投资，是对其投研能力的重要考验。受托人要发挥专业的资产配置能力，密切跟踪市场，加强对经济形势和市场走势的分析研判，在准确判断市场形势的情况下把握投资机会，做好资产配置方案和投资策略选择，同时也要做好各类市场风险的应对预案。

第二，要提升专业的产品遴选和投资能力。受托人要结合自身优势和投资定位，建立全市场养老金产品的遴选机制和产品投资池，要准确识别产品风格、产品策略，既要考虑投资业绩目标的实现，又要考虑控制投资风险。受托人直投更侧重大类资产配置，要建立科学的产品配置模型，选择具有长期投资价值的产品实现长期投资目标。

第三，要建立产品的投后跟踪和动态调整体系。养老金产品的市场表现在不同市场环境下存在差异，产品投资经理和投资策略也可能发生变化。受托人要建立规范的产品投后跟踪体系和投后调整决策机制，通过持续的投后监督，在不同市场环境的变化中，动态调整资产配置结构和投资策略，获取具体产品的 α 收益。

对于养老金产品的评估分析和投后跟踪，建议从产品表现和产品风格等维度来展开。产品表现可以通过历史业绩、风险收益、市场排名等指标来衡量，具体可包括特定区间收益、历史累计收益、超额收益、风险调整后收益以及同类型产品间的排名比较等；产品风格可以通过操作风格及持仓标的风格特征来进行投后跟踪分析，如股票型产品可以分析产品的涨跌市风格、成长价值风格、行业配置风格等，固收型产品可以分析产品的资产配置、久期信用结构等。

（三）要完善养老金产品的基础配套制度体系

第一，建议完善产品信息披露机制。受托人要实现全市场养老金产品的评估和遴选，前提条件是产品信息的全面及时。建议建立更加公开透明的产品信息获取渠道，充分展现市场中各家机构发行产品的投资风格和市场表现，可以借鉴公募基金的信息披露方式，减少信息不对称导致的投资策略偏差，也减少受托人通过其他渠道获取产品信息可能导致的投资人信息披露不公平的现象。

第二，建议建立行业性的产品评价指引。可以关注产品发行机构、产品本身两个维度。发行机构层面着重考察投研能力和投资经理实力，产品层面兼顾产品业绩、产品风格和风险等级，评价区间兼顾长期和短期。通过建立市场中立的产品评价和衡量体系，推动长期评价导向和长期投资理念的建立。此外，优化养老金产品的管理费计提政策，增强管理人配置养老金产品的动力，促进养老金产品推动年金投资管理模式向更加科学可持续的方向发展。

第二节 公募基金助力养老金投资[*]

一、提升公募基金专业能力 服务养老金投资新时代

自 2002 年全国社会保障基金理事会遴选第一批投资管理人以来,公募基金已逐渐成为养老金投资管理的主力军。中国证券投资基金业协会数据显示,截至 2021 年 6 月底,基金行业受托管理社保基金、企业年金、职业年金和基本养老保险基金等各类养老金规模合计约 3.6 万亿元,超过我国养老金委托投资运作规模的 50%,并创造了良好回报。

近年来,公募基金积极参与养老金第三支柱建设,创新推出养老目标基金产品,并为我国养老体系改革持续探索市场化、可持续的运作机制。截至 2021 年 6 月底,2020 年底之前成立的养老目标基金产品平均年化收益率达 14.11%。[①] 在养老金第三支柱即将转常规的当下,为更好服务个人养老金投资管理需求,我们认为公募基金需要持续提升五个方面的专业能力。

(一) 大力提升资产配置能力

养老金事关老百姓的切身利益和养老保障,对收益的稳健性有更高要求,资产配置正是助力养老金实现收益和控制风险的关键举

---

[*] 本节源自中国保险资产管理业协会养老金管理专委会《养老金融双周评》2021 年第 8 期 (总第 21 期)。作者:汇添富基金管理股份有限公司李文。

[①] 资料来源:Wind,汇添富基金整理。

措。公募基金经过23年的发展,已经打造了涵盖主动权益、固定收益、被动投资、海外投资和另类投资等领域的投资能力。未来,公募基金需要进一步提升资产配置能力,立足养老金风险收益目标,加强资产负债匹配,完善战略战术资产配置方案,为养老金的长期稳健收益保驾护航。

(二) 持续强化权益投资能力

养老金资金具有长期性特征,能承受资产短期的波动从而获得长期较高的收益,权益类资产是匹配养老金资金属性的重要标的。公募基金从成立之初就坚持价值投资和长期投资理念,在权益投资方面积累了较强的专业能力。未来,伴随无风险收益率的下行,提高权益类资产比重将成为提升养老金收益的必然选择。公募基金需要坚持投资理念,持续优化投研架构、完善团队建设、提升数字化水平,进一步打造专业化、规模化和全球化的权益投资能力,助力养老金保值增值。

(三) 不断完善FOF产品布局

个人养老金的投资者具有生命周期性的特征,在不同年龄段具有不同的风险收益偏好。以养老目标基金为代表的公募FOF产品通过下滑曲线设计精选一篮子基金,可以充分满足不同年龄段及风险收益偏好的投资需求。未来,公募基金需要不断丰富FOF产品类别,拓宽投资范围,优化FOF产品设计,积极推动养老目标基金创新,尤其是完善领取期功能的设计等,为投资者全生命周期的养老投资需求提供更好的解决方案。

(四) 积极践行ESG责任投资

养老金资金具有社会属性,其投资理念代表了经济社会可持续发展的方向。ESG 责任投资通过评价和推动企业在环境、社会和公司治理等方面的实践，倡导可持续发展理念，与养老金的资金属性高度契合。当前，公募基金已成为 ESG 责任投资的倡导者和推动者，需要进一步将 ESG 责任投资目标纳入公司战略，持续完善 ESG 投研体系，丰富 ESG 产品布局，积极开展 ESG 投资实践，并持续加强 ESG 投资者教育，更好地满足养老金的社会属性和投资需要。

（五）加快推进投顾体系建设

个人养老金的投资者千人千面、因人而异，养老金投资相应具有个性化、定制化的特征，需要提供针对性的投资和服务。当前，我国公募基金投顾业务正处于试点阶段，应积极立足买方投顾定位，加快推进投顾体系建设，通过优化组织架构、加强团队建设、完善服务体系、加强系统建设等，更好服务养老金的投资服务需要，帮助投资者实现长期稳健的回报，改善"基金赚钱、基民不赚钱"的现象。

养老金是功在千秋的历史性工程，当前正进入发展的新时代。立足个人养老金属性，发挥投资管理主力军作用，是公募基金践行行业初心、履行社会责任的必然要求，对于促进公募基金高质量发展、完善中国资本市场建设和服务实体经济也具有重要意义。

二、发展养老目标基金，助力养老金融体系建设

养老金投资在养老金融体系建设中发挥着关键作用。专业的投资管理，能够实现抵御通胀、保值增值的养老金投资目标。近年来，养老目标基金发展迅速，其产品设计体现的生命周期性和长期性特征，结合公募基金管理人的资产配置与投资研究能力，使得养老目标基金成为个人养老投资的重要产品载体。

本文将在总结国内外养老目标基金发展经验基础上，提出我们对促进养老金融体系建设的思考与建议。

（一）他山之石：海外养老目标基金发展经验

纵观海外养老金发展历程，公募基金在养老金投资管理中扮演非常重要的角色。一方面，公募基金管理人具备专业的投资能力，力争实现稳健的投资收益。另一方面，创新以目标日期为代表的养老基金，通过设计匹配生命周期风险承受能力的下滑曲线，实现产品的资产配置比例的自动调整，从而解决个人养老投资者的选择困难症。

1. 养老目标基金的优势

养老目标基金在海外养老金的投资中备受欢迎，并已成为多个国家养老投资选择中的默认产品。主要原因，是养老目标基金，特别是目标日期基金具备以下突出优势：

第一，资产配置匹配生命周期的不同风险承受能力。养老目标日期基金设置了匹配生命周期的下滑曲线，即产品的资产配置比例随着目标退休日期临近而相应调整，自动匹配养老投资者的风险承受能力变化，为个人投资者提供了一站式解决方案。

第二，较高比例的权益资产以期获得更高的长期收益。目标日期基金的产品设计，能够实现权益资产配置比例根据产品的下滑曲线逐步降低。由于投资者在年轻时投入养老金储备的资金具备长期性特征，加大权益资产配置，可以通过时间熨平业绩的短期波动，进而力争获得长期可观的投资回报。

第三，信息披露完备。作为公募基金的养老目标日期基金，信息披露完备，投资运作透明。投资者可通过公开的招募说明书、定期报告等披露文件，及时、充分地了解产品特征和运作情况。

2. 美国养老目标基金的发展概况

从美国的个人养老金融发展来看，养老目标基金取得了显著的成绩，发挥了至关重要的作用。

一是养老目标基金增长快速。根据ICI①统计数据，截至2020年底，目标日期基金的资产规模为1.587万亿美元，相比2005年700亿美元，增加了21.67倍，其中85%的目标日期基金资产存放在投资者的退休账户中；目标风险基金的资产规模为3 984亿美元，相比2005年1 320亿美元，增加了2.02倍，其中退休账户持有45%。

二是养老目标基金占比显著增加。自2006年推出《养老金法案》以来，养老目标基金占401（K）计划的资产份额在10年间增加近20%。401（K）参与者投资养老目标基金的规模占比从31%上升到56%。根据2021年ICI报告，养老目标基金的客户67%来自DC计划，18%来自IRA计划。

三是养老目标基金成为年轻人的首选。据EBRI/ICI②在2018年末的研究，20多岁的401（K）计划参与者中有51%投资于目标日期基金。

（二）我国养老目标基金发展情况③

2018年3月，中国证监会正式发布了《养老目标证券投资基金指引（试行）》，标志着养老目标基金正式登上中国养老金投资历史舞台。近年来，各家基金公司积极布局，充分发挥专业投资能力，推动养老基金快速发展。从目前的实践来看，国内养老目标基金发展呈现出以下特征：

---

① ICI：Investment Company Institute。
② EBRI/ICI 401（K）Investor Database。
③ 本部分资料来源：Wind，汇添富基金整理。

一是养老目标基金快速布局。截至2021年8月22日,养老目标基金已获批146只,成立123只,其中养老目标日期基金57只,养老目标风险66只;养老目标基金规模已超过760亿元,认购户数达到137万户。

二是参与机构众多。目前,国内157家基金管理人中已有47家机构发行了养老目标基金,占所有管理人家数的30%,多家公司已形成产品系列。从托管人来看,共有13家银行成为养老目标基金的托管银行,为养老金运作提供高效、专业的托管服务。

三是养老目标基金呈现系列化特征。在产品布局方面,养老目标日期基金年份范围从2025年到2055年,以5年和10年时间间隔为主。其中,2035年、2040年的产品数量占比最高,分别为24.56%、29.82%。养老目标风险基金分为稳健、平衡、积极三类,以稳健型养老目标基金为主,占比高达60.6%。

四是养老目标基金过往取得了相对稳健的投资回报。截至2021年6月30日,全部成立满半年的养老目标基金成立以来的平均年化收益率为14.11%,有效实现了养老金保值增值。同时,不同系列的养老目标基金总体表现出与产品定位相适应的风险收益特征。在养老目标风险基金系列中,积极型、均衡型、稳健型的产品成立以来平均年化收益分别达到20.81%、13.64%和8.13%。目标日期基金的收益率,呈现出目标日期越远、收益率越高的特征,其中,202×年、203×年、204×年和205×年产品的成立以来平均年化收益率分别为4.42%、17.81%、17.06%和23.74%。

(三) 关于我国养老目标基金发展的政策建议

伴随养老目标基金的快速发展,我国养老金融体系建设也暴露出一些不足。一方面,当下市场中投资者对养老投资储备的意识仍然较为淡薄,对养老目标基金的认知度不高。受众的缺失导致养老目标基金在整个公募基金规模中所占的比例较低，难以进一步扩大市场份额。另一方面，当前养老目标基金产品多以稳健产品为主，风险较低的同时也难以获取较高的投资回报，养老金长期增值的目标实现效果较差。

为了进一步发挥公募基金优势，加快促进我国养老金融体系建设的完善，建议：

第一，将养老目标基金纳入第三支柱产品范围，并将此作为默认投资选项之一。合格默认养老产品的设计原则，应当立足长期、以客户利益为先，将产品定位与个人养老金客户的投资目标与风险承受能力相匹配。从海外最佳实践来看，合格默认投资选项是保护第三支柱个人养老金参与者的一种有效机制，养老目标基金以其简单、清晰的产品定位，成为合格默认产品中规模最大的产品类别。因此，建议在我国第三支柱推进过程中，借鉴海外先进实践，设定养老目标基金作为第三支柱的合格默认投资选项。

第二，重视资产配置在下滑曲线设计中的作用。养老目标日期基金的核心在于下滑曲线的设计，即在生命周期不同阶段根据风险承受能力不同进行相应的资产配置。一般情况下，随着投资者年龄的增长，风险承受能力减弱，权益资产比例逐步减少。下滑曲线的设计，涉及多元化的资产配置，需要管理人具备极强的大类资产投研能力，通过深入的定量与定性研究，充分评估各类资产的风险收益特征及其之间的相关性，并充分考虑社会环境、人口结构和投资者行为特征等因素，建立有效的资产配置模型。

第三，创新完善产品设计，拓宽投资范围。基金管理人应当结合客户调研与产品运作经验，不断优化产品设计，尤其是在领取期环节，进一步创新探索，为投资者全生命周期中的特定需求提供解决方案。此外，建议拓宽养老目标基金投资范围，逐步纳入股指期货、股票期权等金融衍生品，为养老目标基金提供更多的风险管理工具。

第四，持续开展投资者教育。提高居民养老投资意识，引导投资者由"储蓄养老"转变为"投资养老"，任重道远。投资者教育应自上而下和自下而上相结合，由政府机构、行业组织、资产管理机构、销售机构、投资顾问等多方主体共同参与，各有侧重，持续投入，帮助投资者逐步树立正确的养老投资理念。

中国养老金融体系建设，是一项长期的系统性工程，需要政府、个人、金融机构携手努力。养老目标基金是公募基金推动养老金融建设的重要抓手，也是一个小小的支点。我们希望通过设计、管理养老目标基金，服务好广大养老金投资者，与保险、银行等各类金融机构，共同为中国老百姓打造值得托付的养老金融体系。

第三节　养老目标基金发展及中美市场比较*

一、美国养老目标基金发展情况

（一）美国养老目标基金已发展30余年，目标日期比目标风险基金的普及率更高

自20世纪70年代开始，欧美养老金开启了降风险（De-risking）的漫长周期，DB型养老金逐渐向DC型养老金转型，美国401（K）等DC型计划日渐兴起。80年代，第一只FOF基金和第一只目标风险基金（Target Risk Fund，TRF）相继诞生。90年代，第一只目标日期基金（Target Date Fund，TDF）诞生。1996年美国出台《全国证券市场改善法案》（NSMIA）取消了对基金公司发行FOF产品的限制。2001年，美国通过了《经济增长与减少税收法案》（EGTRRA），提升税收优惠额度以鼓励个人退休账户（以下简称"IRA"）的发展。2006年，美国通过了《退休金保护方案》，将目标风险基金、目标日期基金等四类产品设为DC型养老金计划的默认投资选择（QDIA）。这一制度改革最终开启了养老目标基金市场需求的爆发式增长（见图1）。

---

* 本节源自中国保险资产管理业协会出版的《中国保险资产管理》2021年第4期（总第36期）。作者：万家基金管理有限公司杨可、赵晶。

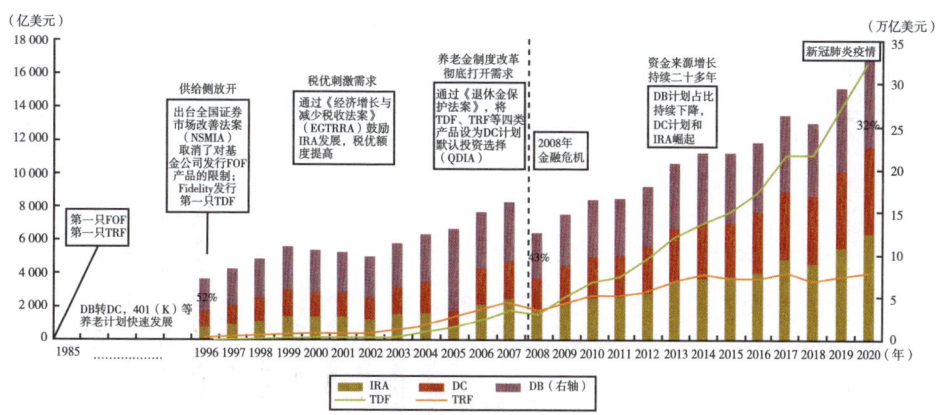

图1 美国养老目标基金在制度改革后迎来爆发式增长

资料来源：万家基金分析

截至2020年末，美国TDF和TRF规模分别达到1.66万亿美元和0.40万亿美元。TDF主要被养老金持有，养老金持有占比达到85%，其中最主要还是被DC型养老金持有，其占比达总规模的67%。TDF本身也是DC计划的重点配置投资工具，DC计划中的TDF占比达到11%。IRA也持有一定规模的TDF，占比达到18%；而TDF只占据IRA总资产的2.4%。

养老金持有的TRF相对较少，大约45%的TRF是由IRA和DC计划持有。而IRA和DC计划中的TRF资产占比较低，比例均在1%以内。

总的来说，目标日期是更纯粹的养老金"专用"产品，目标风险应用场景则更加广泛。目标日期在DC型养老金计划中的普及度远高于其在IRA中的普及度。因此，后续以目标日期策略为主进行研究（见图2）。

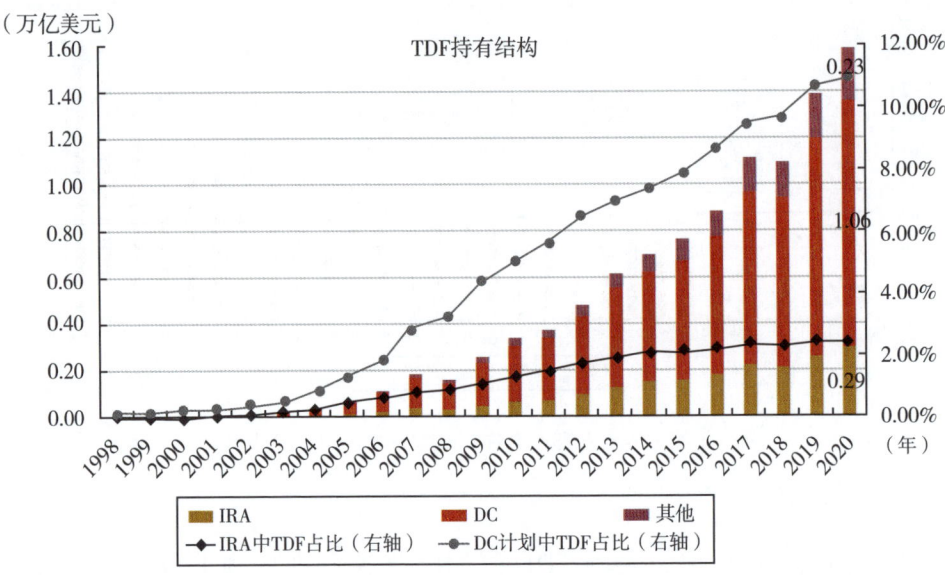

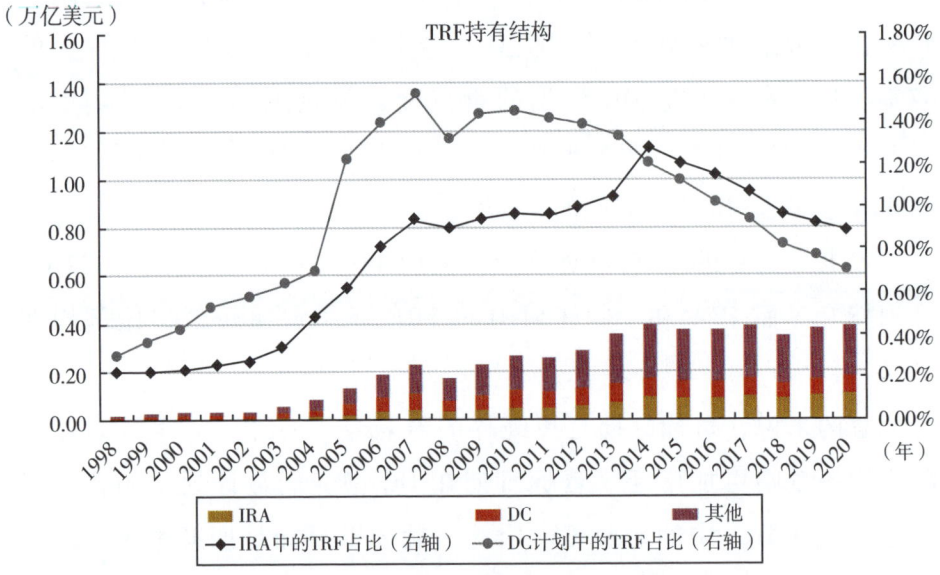

图2 美国养老目标基金持有结构

资料来源:ICI,万家基金整理分析

（二）目标日期基金近年增量主要来自 CITs

美国目标日期策略存在于共同基金和 CITs（Collective Investment Trusts）两类产品中。2020 年末，其总规模达到 2.8 万亿美元，其中，共同基金 1.6 万亿美元，CITs 有 1.2 万亿美元。总规模较 2019 年末上涨 5 000 亿美元，增量主要来自资本市场增值和 CITs 规模的显著上升。

共同基金是目标日期策略传统且主要的产品形态。但从 2014 年以来 CITs 的受欢迎程度不断上升，市场份额翻倍，在 2020 年末达到了 43%，绝对规模也首次超过万亿美元大关（见图 3）。

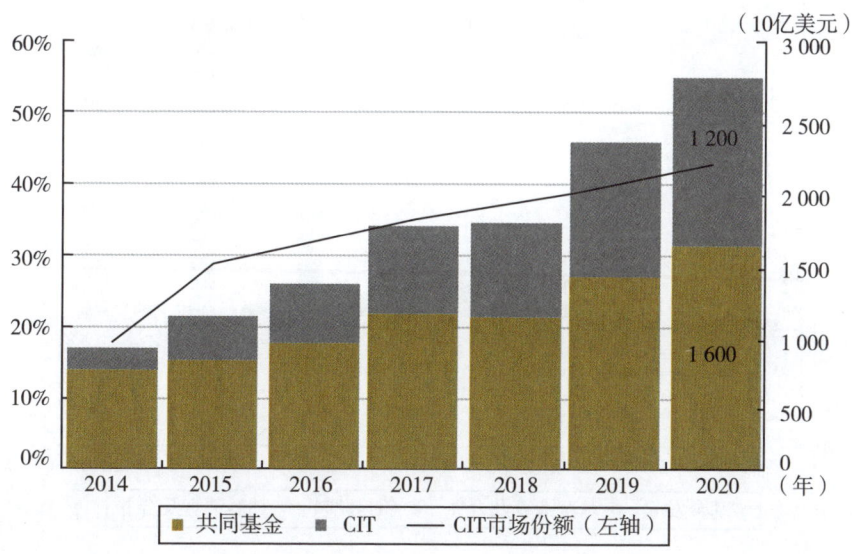

图 3 美国目标日期产品规模和结构

资料来源：Morningstar

CITs 是一种无须在 SEC 注册的专供养老金计划配置的投资产品。2014 年以来，目标日期产品新发中 CITs 数量每年均超过共同基金数量，近两年新发 CITs 数量远超新发共同基金（见表 1、图 4）。

表1　　　　　　　　共同基金与 CITs 的对比

	共同基金	CITs
发起人	基金公司	银行/信托
监管	SEC	劳工部（DOL）
法律依据	Investment Company Act	ERISA
发起方式	公开发售	非公开
费率	统一的费率	费率可与客户协商，更低的管理和分销费用
投资人	普通个人/机构/养老金账户	合格的免税养老金计划
税收待遇	产品层面正常征税	收益免税

资料来源：万家基金

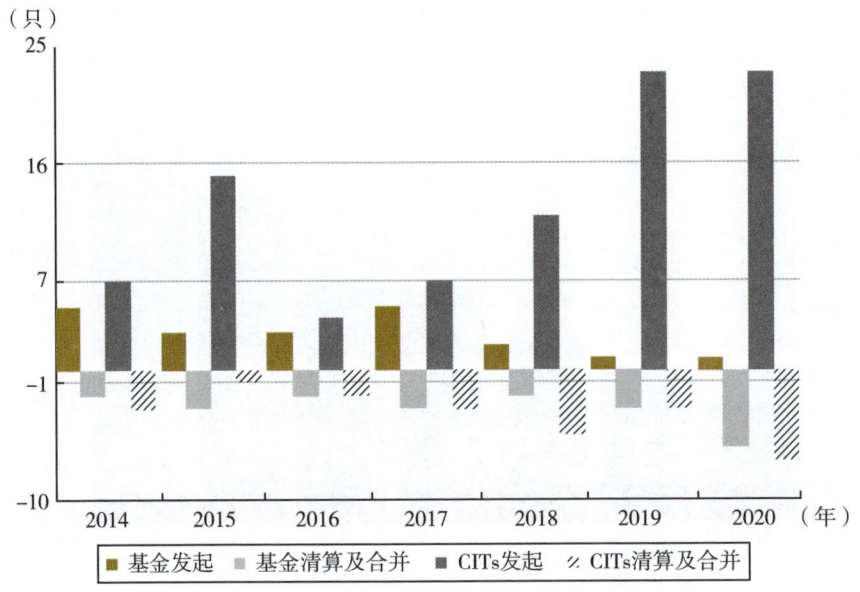

图4　2014～2020年目标日期产品发行/终止情况

资料来源：Morningstar

另外，美国目标日期产品供给端的市场集中度非常高，前五名资管公司占约78%的市场份额，前十名资管公司占近92%的市场份额（见图5）。

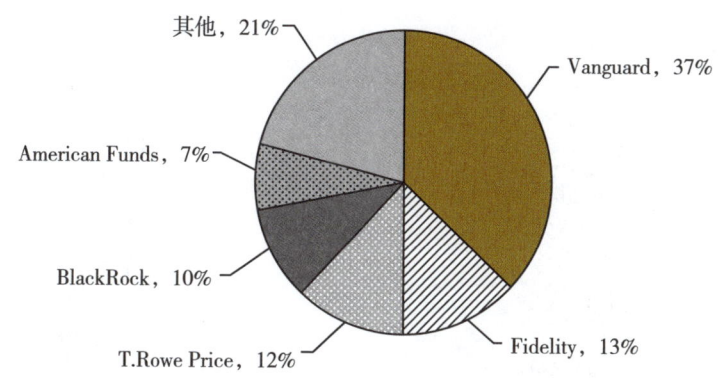

图 5　美国目标日期基金市场份额情况（前五名）

资料来源：Morningstar，万家基金整理分析。

（三）受疫情影响，2020 年目标日期产品资金流入减少，共同基金遭遇净流出

据专业机构估算，2020 年目标日期 CITs 净流入 590 亿美元，相较 2019 年的 690 亿美元有小幅度降低，而目标日期共同基金相较 2019 年的 590 亿美元净流入规模，2020 年遭遇 6.7 亿美元净流出（见图 6）。

2020 年目标日期策略资金流入大幅下降主要是受新冠肺炎疫情影响，尽管美股在当年取得两位数的上涨，但实体经济遭遇巨大困难。2020 年 3 月起，4% 的雇主暂停 401（K）匹配缴费，37% 的计划报告困难情况提取增加。2020 年 3 月，美国《新冠病毒援助、救济和经济安全法案》（CARES Act）颁布，减免最高 10 万美元困难情况提取的提前领取罚金，并允许将领取养老金产生税负平摊到之后 3 年，以减轻 2020 年税负。

目标日期策略中 2020 系列产品因为目标日到期遭遇了最大赎回，但是距离到期日还有 5~10 年的 2025 系列和 2030 系列也遭遇净流出。目标日期年份一般以 5 和 0 为尾数，2015 年同样大量产品

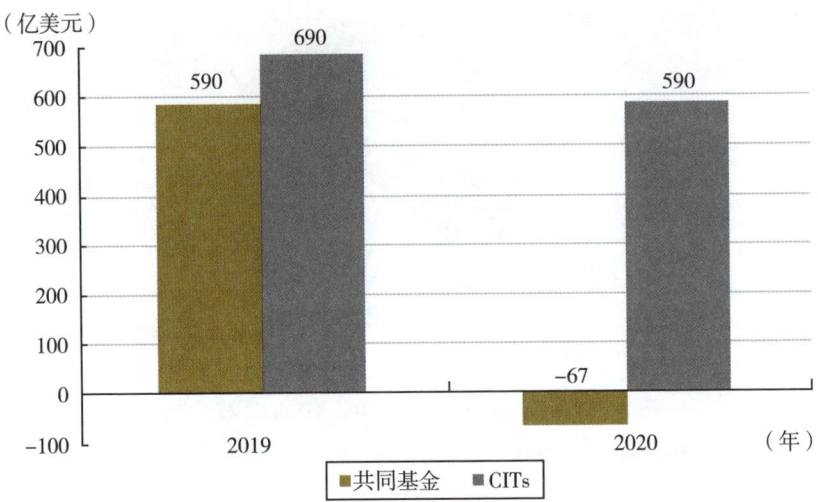

图6 2019～2020目标日期产品资金净流入/流出情况

资料来源：Morningstar

到目标期，但当时2020系列和2025系列并没有遭遇净流出。这说明2020年较多投资者停止了退休账户缴费，甚至进行了提前赎回（见图7）。

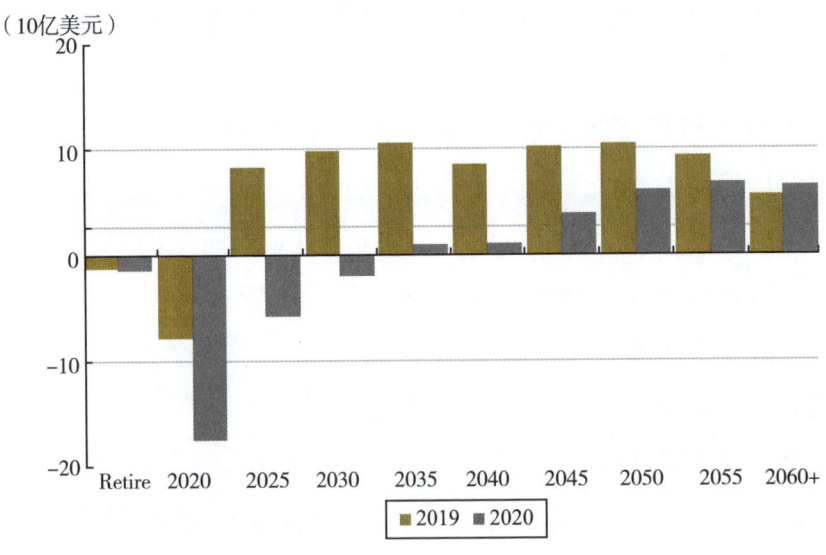

图7 各目标日期系列产品的净流入/流出情况

资料来源：Morningstar

（四）美国养老目标基金获取 alpha 难度大，费率持续下降

过去5年，美国目标日期基金年化收益率在3%~10%，收益率表现随着目标日期递增而适度上行，但差异并不大。

美国目标日期基金业绩离散程度保持较高一致性，无论是2020还是2030、2040、2050目标日期系列，最好与最差业绩差距在3.5%左右，与美国中期债券基金业绩离散程度类似，远低于业绩中枢相似的50%~70%股票基金和大盘混合基金的业绩离散度（见图8）。由此可见，目标日期基金能产生的超额收益相对较少。所以，产品费用对于投资者变得至关重要。

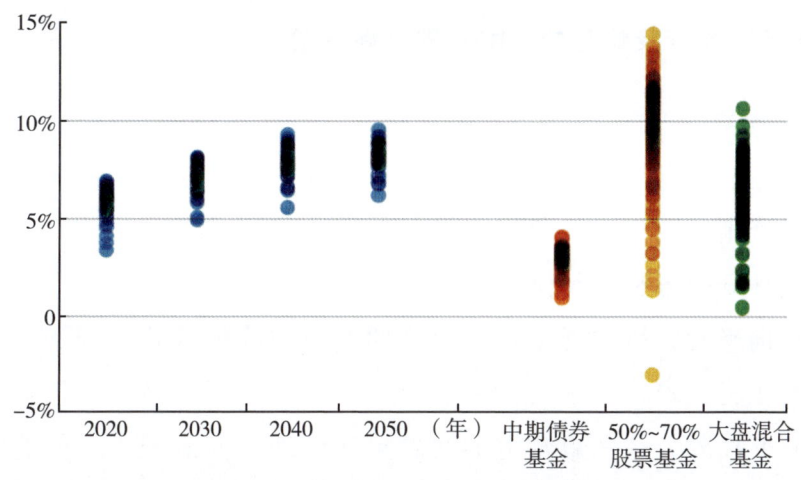

图8 美国目标日期基金业绩情况（5年年化收益率）

资料来源：Morningstar

基金费率是投资者做投资选择时重点考虑的因素。2019年，费用比率在0.4%以下的目标日期产品有显著净流入，而高于0.4%的产品则遭遇净流出。2020年，只有费用比率在0.2%以下的目标日期产品有净流入，高于0.2%的产品均遭遇净流出。

投资者对低费率基金的需求持续推动基金降费。2020年目标日期基金平均费率降至0.52%，相较于2009年已降低近一半（见图9）。

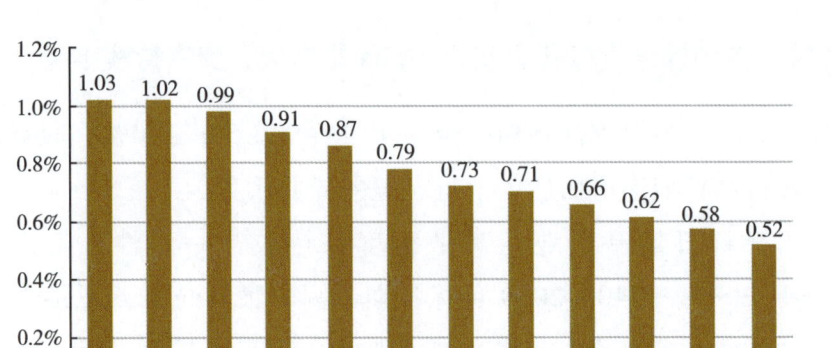

图 9　2009~2020 年美国目标日期基金费率

资料来源：Morningstar

（五）投资策略与资产配置的最新探索

1. 另类资产配置

养老金一直是另类资产的重要投资人，但养老目标基金领域的另类投资则发展相对缓慢。直到 2020 年，美国劳工部才允许 DC 型养老金计划配置私募股权（PE）。

目前来看，另类资产在目标日期产品中的配置并不普遍。主要障碍在于另类资产欠缺流动性、透明度低、管理费高，并且估值较难。除此以外，一些运营上的问题也让管理人充满顾虑，如业绩衡量、应对 PE 的额外资本要求等。

在美国目标日期产品的另类投资中，房地产投资更常见，包括私募房地产和 REITs 投资，主要投资理由包括分散风险、对冲通胀、获取稳定的收益并改善风险调整后的回报。房地产直投面临和 PE 同样定价难、流动性差等问题，但低费率的相对优势非常明显。

事实上，美国 DB 型养老金对于 PE 和房地产投资已经非常普遍，相关数据可以作为重要参考。1998 年美国 DB 型养老金的 PE 和房地产配置比例不到 5%，2018 年末该比例已增加到 12%（见图 10）。

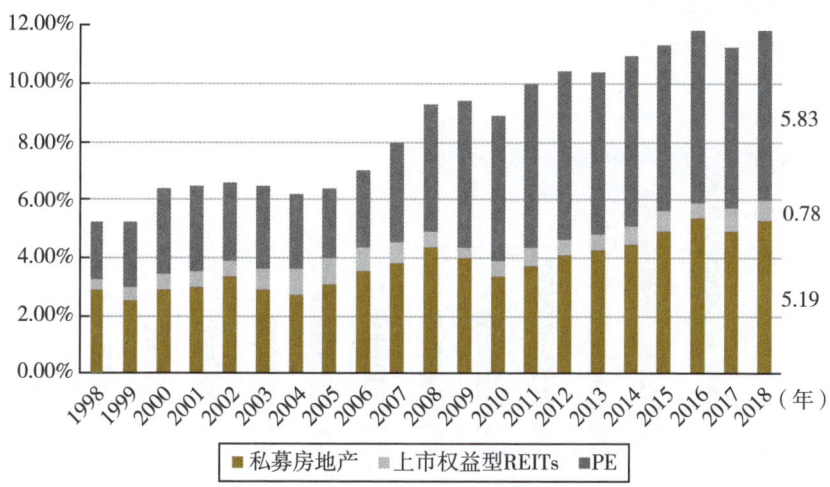

图 10　1998~2018 年美国 DB 型养老金房地产及 PE 配置仓位情况

资料来源：CEM，万家基金整理分析。

从风险分散的角度看，私募房地产、PE 与其他各类资产大多呈现出较低相关性，REITs 与传统资产则呈现中等相关性。其中，私募房地产的相关性数据最优（见表 2）。

表 2　美国 DB 型养老金投资中 PE、私募房地产与其他资产大类的相关性（1998~2008 年）

相关性	股票			固收				实物资产			其他另类资产	
	美国大盘股	美国中小盘股	非美国股票	美国投资级公司债	美国长期债券	其他美国固收	非美国固收	私募房地产	上市权益型REITs	其他实物资产	对冲基金/战术资产配置	PE
PE	0.47	0.40	0.46	-0.21	-0.22	0.17	-0.07	0.55	0.21	0.53	0.54	1.00
私募房地产	0.07	0.00	0.02	-0.22	0.01	-0.22	-0.24	1.00	0.09	0.32	0.15	0.55
上市权益型REITs	0.54	0.64	0.57	0.47	0.04	0.69	0.63	0.09	1.00	0.52	0.52	0.21

资料来源：CEM，万家基金整理分析。

从风险收益角度看，私募房地产、REITs 和 PE 均呈现较为优秀的风险收益特征，尤其是私募房地产（见图 11）。

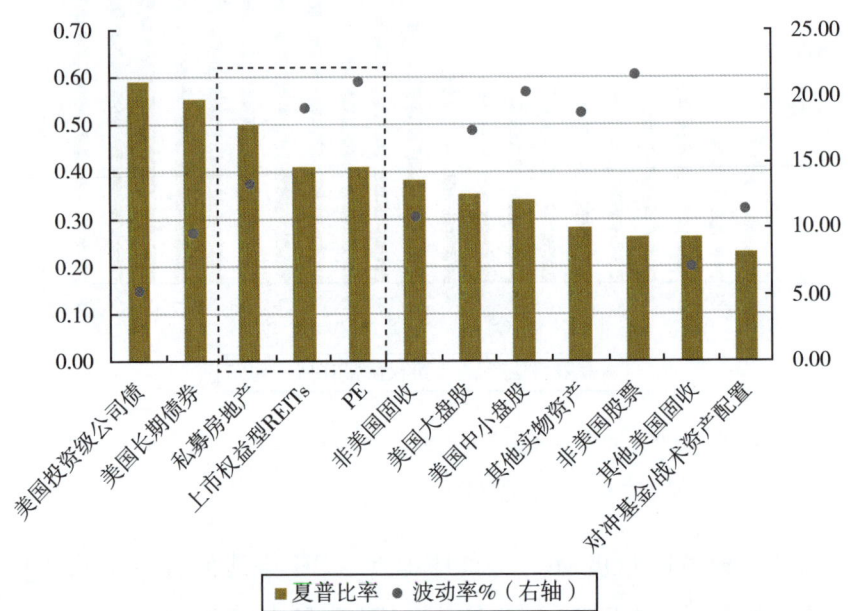

图 11　美国 DB 型养老金各类资产的风险收益情况（1998～2008 年）

资料来源：CEM，万家基金整理分析。

2. ESG 策略的应用

ESG 一直是全球养老金热议的话题。近年来，美国公募基金中的 ESG 策略也发展迅速（见图 12）。但 ESG 在美国的养老目标基金中的应用尚不普遍，且存在很大争议。

2020 年 6 月，美国劳工部提出《雇员退休收入保障法》修订案，要求私人养老金计划受托人如果要进行 ESG 投资，必须证明相关投资没有以牺牲财务回报为代价。8 月，美国劳工部再提出第二条新增法规，要求所有养老计划受托人只能在涉及养老计划财务回报的事情上才可去投票，包括 ESG 相关问题，否则受托人不得参与投票。10 月，美国劳工部发布新规，限制将 ESG 策略应用于 DC 型养老金计划的默认投资选项中。

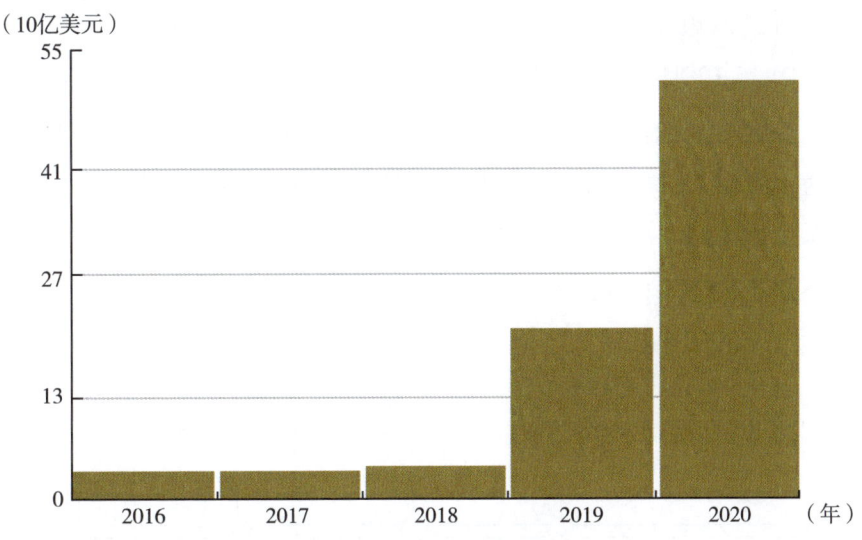

图12　2016~2020年美国ESG基金资金流入

资料来源：Morningstar

一连串的措施，显示出监管当局对于ESG策略的偏负面态度。美国劳工部的观点是由私营部门提供的员工退休计划不是促进社会发展目标或政策目标的工具，它的唯一目标就是为雇员提供退休保障，因此必须始终将投资的经济利益放在第一位，以使可用于支付退休金的资金最大化。

然而2021年1月出现了转机，新上任的拜登政府叫停了该项禁令，要求劳工部重新评估该禁令。3月，劳工部声明不会在重估期间施行禁令。

（六）新的趋势：保证收益产品

近年来，在目标日期策略中加入保证收益产品或年金产品成为新的趋势。

过去在策略中加入保证收益不仅使得管理费成本上升，养老金计划发起人也会因此承担更多流程、执行以及承保人违约等责任和风险，所以该策略应用较少。

2019年12月，美国国会通过了安全法案，只要被选中的承保人在当时符合相关信用条件，雇主的大部分相关责任都可以被免除。这样的立法思路与2006年退休金保护法案中的QDIA类似，旨在让雇主在投资策略/产品选择时，避免因为不愿意担责而出现的不作为、少作为（见图13）。

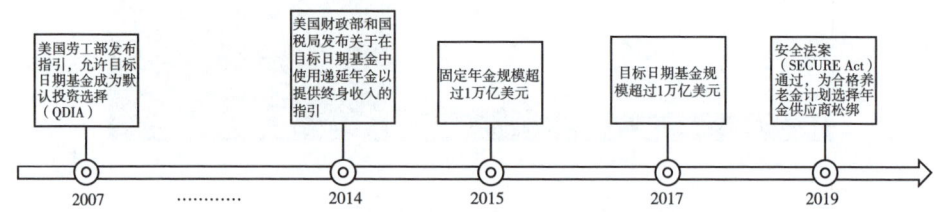

图13 美国目标日期基金和固定年金的发展

资料来源：万家基金整理分析

保证收益产品的优势主要是为养老金计划参加人提供更具有保障的退休收入，缺点是增加决策复杂程度、提高管理成本和其他成本。目前已有部分资管公司提供该类产品，如TIAA-CREF、保诚、贝莱德等。

（七）基金经理的主流考核期限在5年以上或更长

养老金是长期资金，目标日期基金发行时距离既定到期日通常超过10年，甚至长达30年以上。如何保证管理人与资产拥有人的利益一致，是策略成功的关键之一，其中考核期限是一个重要的衡量因素。

美国目标日期基金的主流供应商对基金经理的最长考核时间维度大多在5年以上。其中T. Rowe Price和JPMorgan的最长考核期限长达10年，American Funds的最长考核期限也达到8年。基金公司虽然关注长期的业绩，但短期业绩也并未被忽视，除 Fidelity 之外所有公司都采用了 1 年期的考核（见表 3）。

表 3　美国目标日期策略 TOP 供应商的基金经理考核期限

基金公司	考核期限				
	1 年	3 年	5 年	8 年	10 年
Vanguard	√				
Fidelity		√	√		
T. Rowe Price	√	√	√		√
BlackRock	√				
American Funds	√	√	√	√	
JPMorgan	√	√	√		√
Nuveen	√				
Principal Funds	√	√	√		

资料来源：Morningstar

Vanguard 是美国目标日期策略的最大供应商，但在考核期限上也是比较特殊的一个案例。因为其发行的目标日期策略风格偏被动，基金经理主要职责是执行策略、管理日常现金流以及再平衡，类似指数基金经理的职责。和其他公司不同，Vanguard 的基金经理不是关键决策人，基金的下滑线和资产配置等重要决策职能是由其他团队负责。

二、中国养老目标基金的发展特征

2018 年 8 月 3 日，首批 6 只养老目标基金获证监会批复，标志着国内养老目标基金启航，至 2021 年 6 月，国内养老目标基金已经运作近 3 年。现阶段国内养老目标基金的规模和结构与美国市场的早期形态类似。

(一) 规模数量逐季度增长，目标风险占比约80%

截至2021年6月30日，全市场共有养老目标基金116只，总规模761.47亿元，平均管理规模6.56亿元。其中，目标风险基金发展较快，共有61只，总规模603.13亿元，平均规模9.89亿元，占比79%；目标日期基金发展相对缓慢，共有55只，总规模158.33元，平均规模2.88亿元，占比21%（见图14、图15）。

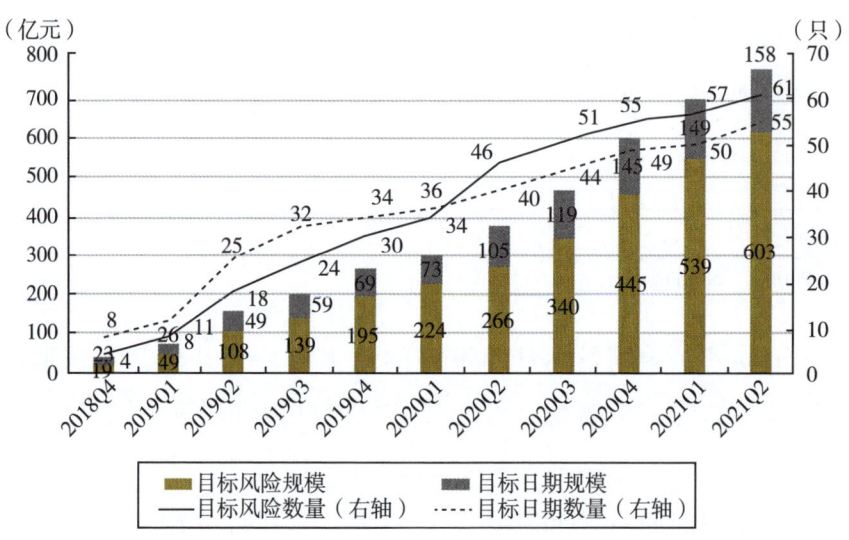

图14 基金规模数量逐季度增长

这与美国市场的早期形态较为类似，主要是因为底层养老金制度不健全，对现阶段的投资者来说，目标风险基金的策略更为通俗易懂。随着养老金制度的完善，特别是第三支柱账户体系的建立，预计国内目标日期基金将迎来规模和占比的大幅度增长。

(二) 管理人集中度提升明显

截至2021年6月30日，共有46家公募基金公司发行养老目标基金产品。其中，管理规模排名前五的公司合计规模占比58%，管

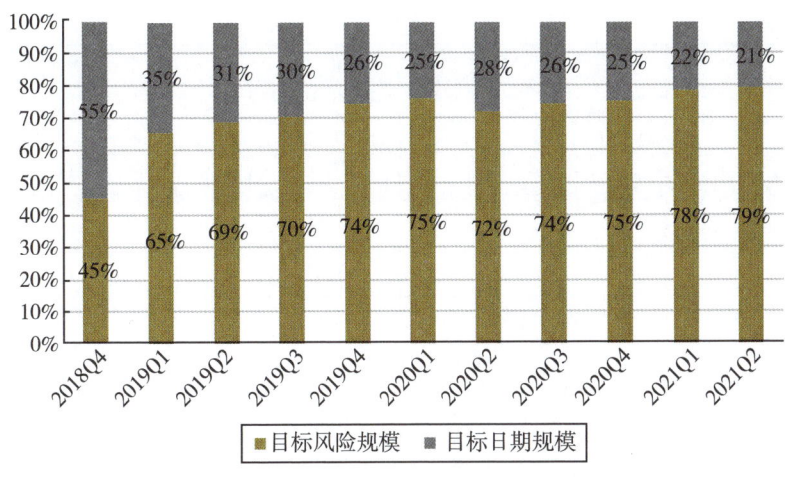

图15 目标风险基金、目标日期基金规模

资料来源：Wind

理规模排名前十的公司合计规模占比78%，该集中度比2020年6月（前五占比45%，前十占比66%）进一步提升。

管理规模头部的基金公司，如交银施罗德、民生、嘉实、浦银、华安、富国和建信，规模最大的产品占公司养老FOF总规模的比例超过85%，其余产品规模较小。

各家公司平均产品数量不足3只，产品数量最多的是华夏基金，共发售7只产品（见表4）。

表4 基金公司发行养老目标基金情况

序号	基金公司	产品数（只）	合计规模（亿元）	平均规模（亿元）	公司最大规模产品占合计规模比例（%）	公司合计规模占市场合计规模比例（%，2021H1）	公司合计规模占市场合计规模比例（%，2020H1）
1	交银施罗德	2	162.91	81.45	93.84	21.39	9.20
2	兴证全球	3	91.31	30.44	65.93	11.99	3.87
3	民生加银	2	80.28	40.14	93.42	10.54	17.43
4	嘉实	5	57.52	11.50	89.25	7.55	1.06

续表

序号	基金公司	产品数（只）	合计规模（亿元）	平均规模（亿元）	公司最大规模产品占合计规模比例（%）	公司合计规模占市场合计规模比例（%，2021H1）	公司合计规模占市场合计规模比例（%，2020H1）
5	浦银安盛	2	46.74	23.37	99.66	6.14	3.67
6	华安	4	35.97	8.99	85.01	4.72	7.55
7	华夏	7	33.89	4.84	39.57	4.45	5.15
8	富国	2	25.11	12.56	98.71	3.30	1.40
9	南方	5	22.02	4.40	56.38	2.89	4.55
10	建信	1	18.35	18.35	100.00	2.41	3.35
	全市场	116	761.47	6.56	20.08	——	——

资料来源：Wind

（三）不同策略风险收益相匹配，内部离散度较高

国内养老目标基金的收益表现随着目标风险增加和目标日期递增而适度上行。

由于国内养老目标基金运作时间不满3年，部分产品运作时间不满1年，国内目标日期基金业绩离散程度呈现了一定的一致性，但并不明显。

在目标风险产品中，目标风险的三大类产品稳健、平衡、积极的业绩呈现出相应的低、中、高收益特性，与风险水平相匹配。而目标日期2030～2050期间的产品业绩也呈现出匹配风险水平的收益特征（见图16）。

总的来说，国内养老目标基金收益的离散度显著高于美国同类产品，说明国内基金经理的主动管理能力对基金造成较大影响，优秀的基金经理有机会产出更多的超额收益。

正是因为有更多获取alpha的可能，同时国内养老目标基金还处于发展初期，国内整体费率还是高于美国（见图17）。

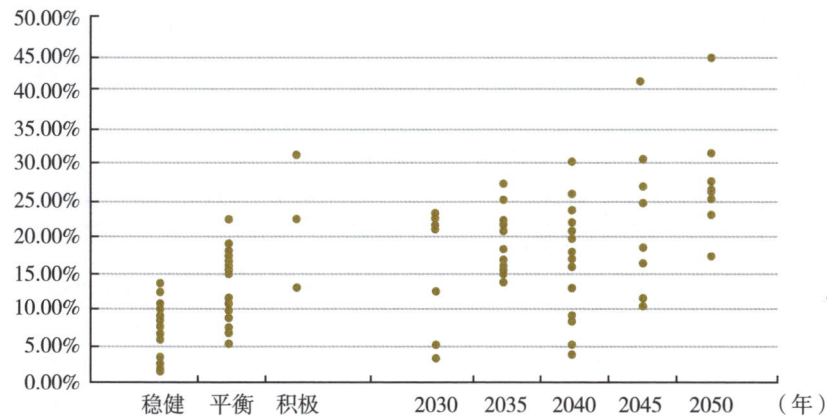

图 16　国内养老目标基金业绩情况（成立以来年化收益率）

资料来源：Wind，万家基金整理分析。数据处理时将 2025 年、2055 年、2038 年、2033 年、2043 年等数据较少的产品归入最近日期分类，将保守归入稳健，进取归入积极，并剔除建仓期产品

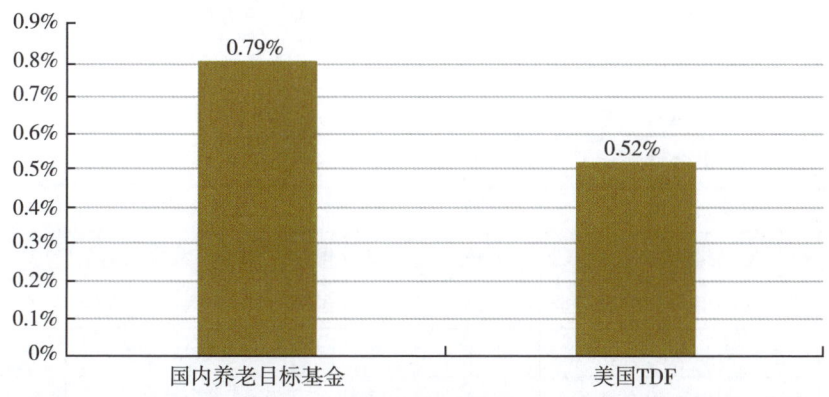

图 17　中美养老目标基金费率对比

资料来源：Morningstar，Wind，万家基金整理分析

（四）底层资产以传统股债为主

从资产配置上看，养老目标基金的底层资产仍然以传统股债为主。目标风险基金偏好中长期纯债和灵活配置型基金，目标日期基金偏好灵活配置型和偏股混合型基金，这也是造成目标日期基金收

益高于目标风险基金的原因之一。除此之外，二级债基也是养老目标基金持仓较多的基金类型（见表5）。

表5　　　　　　　　养老目标基金持仓情况

表A　目标风险基金持仓

序号	基金类型	持有比例（%）
1	中长期纯债型基金	17.25
2	灵活配置型基金	10.96
3	混合债券型二级基金	5.86
4	混合债券型一级基金	3.84
5	偏股混合型基金	3.27
6	普通股票型基金	2.79
7	偏债混合型基金	2.32
8	股票多空	2.14
9	货币市场型基金	1.52
10	短期纯债型基金	1.29
11	平衡混合型基金	0.91
12	被动指数型基金	0.75
13	增强指数型基金	0.49
14	国际（QDII）债券型基金	0.28
15	商品型基金	0.18
16	国际（QDII）混合型基金	0.09
17	国际（QDII）混合型基金	0.09

表B　目标日期基金持仓

序号	基金类型	持有比例（%）
1	灵活配置型基金	13.51
2	偏股混合型基金	10.45
3	混合债券型二级基金	7.73
4	普通股票型基金	6.61
5	中长期纯债型基金	4.70
6	被动指数型基金	4.33
7	偏债混合型基金	3.66
8	混合债券型一级基金	1.59
9	平衡混合型基金	1.07
10	短期纯债型基金	0.94
11	国际（QDII）债券型基金	0.74
12	股票多空	0.59
13	国际（QDII）混合型基金	0.35
14	国际（QDII）混合型基金	0.35
15	增强指数型基金	0.34
16	货币市场型基金	0.25
17	商品型基金	0.00

资料来源：Wind，万家基金整理分析。

（五）长期考核

在国内，对养老目标基金的长期考核理念从监管到基金公司层面得到体现。早在养老目标基金首批上报时，在证监会审批阶段，公募基金公司就需向监管提交承诺函，承诺管理人需单独制定养老目标基金的考核机制，重点考核基金 3 年及以上中长期投资业绩，且不得将短期投资业绩或评价结果对外宣传。通过监管手段，将养老目标基金 3 年以上中长期考核纳入公司投资考核体系，是养老目标基金业绩长期考核落实的有效措施。

三、启示与展望

养老目标基金诞生于美国，中国的养老目标基金也是以美国养老目标基金为原型进行开发。但无论是发展阶段和市场环境，还是养老制度和监管环境，中美都有较大区别。中国的养老目标基金处于起步阶段，美国养老目标基金则已趋于成熟。纵观其发展历程，可以给我们带来不少有意义的借鉴或反思。

（一）政策环境

我们认为，美国完备的养老金政策与庞大的第二支柱养老金体系是养老目标基金大发展的主要原因。在美国，第二支柱养老金对养老目标基金来说，既是一个好的应用场景，也是一个好的投资者教育场景，但仍要结合雇主端的匹配缴费激励和税收优惠，同时免除雇主在设置默认投资选项时的相关责任，才使得美国的养老目标基金在 2007 年以后有了爆发式的增长。IRA 的壮大也离不开第二支柱养老金，数据显示美国 IRA 大多数资产均来自第二支柱养老金的资金转移。

养老金政策对于养老目标基金发展至关重要，是源头之水，任何政策上的变动都将给养老资金的流动与配置带来显著影响。所以，行业应积极推动完善相关政策，政策不仅限于账户制或是税收优惠，而是应该全面推动一整套养老金制度的发展完善。

(二)应用场景与产品形态

国内养老目标基金需要有好的应用场景才可能有大的发展。美国是 DC 型养老金计划和 IRA,国内可能的应用场景包括第二支柱年金计划、第三支柱个人养老金和互联网理财平台,这几个场景各有短长。按美国的经验看,越难受约束和引导的投资者越不会将资金投入到养老目标基金之中。对中国来说,最合适的应用场景可能产生于以上几种场景的融合,这需要监管、行业、学术界共同探索(见图 18)。

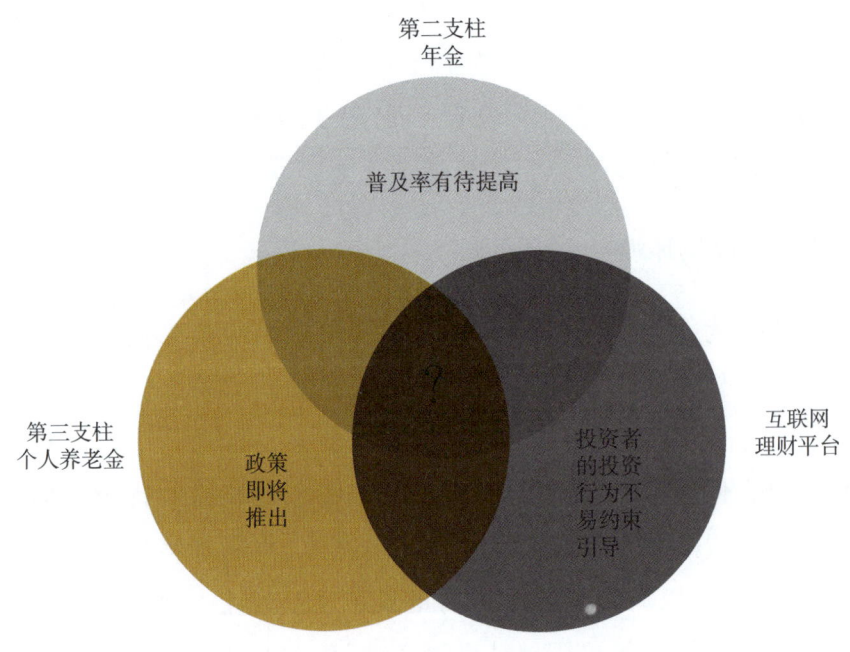

图 18 国内养老目标基金的应用场景

从产品形态看,美国的养老目标策略以目标日期策略为主,策略的主要载体既有基金也有 CITs,既有公开募集也有专户定制。目前国内养老目标策略主要存在于公募基金之中。其他部分机构虽然也较早进行了相关探索,但产品发行很少,仅有个别养老金产品和养老保障产品进行了试水。国内也还未出现定制化的目标日期策略产品。尽管养老金市场的潜力巨大，产品端的创新还需要顶层政策改革的驱动。

（三）策略与资产配置优化

美国的目标日期基金投资范围相较于其他类型养老金投资范围较窄，仍然以传统股债资产为主，获取 alpha 的能力较弱，转而导致管理费成为产品选择的首要考虑因素。近年来，一些管理人逐渐开始试水另类资产配置和 ESG 策略，但并非一帆风顺，进展缓慢。

在这一点上，国内的情况可以说与美国差距并不大。国内养老目标基金以传统股债资产为主。另类资产方面，2021 年国内公募 REITs 初步落地，首批 9 只公募 REITs 于 6 月 21 日在沪、深证券交易所上市，目前对于公募 FOF 特别是养老目标基金直接投资公募 REITs 尚无监管指引。待未来政策细节进一步明确后，养老目标基金的投资范围或能扩展到公募 REITs 乃至其他另类资产。

ESG 方面，国内 ESG 策略处于发展初期，产品较少。截至 2021 年上半年底，养老目标基金持仓中尚无 ESG 主题基金出现，更没有以 ESG 为产品策略的养老目标基金。但是部分养老目标基金的管理人已签署联合国责任投资原则（UNPRI），未来将 ESG 策略应用于养老目标基金可以期待（见表 6）。

表 6　　目前签署了 PRI 的养老目标基金管理人

兴证全球基金	华宝兴业基金	鹏华基金	广发基金
招商基金	嘉实基金	南方基金	银华基金
易方达基金	工银瑞信基金	汇添富基金	华夏基金
博时基金	中欧基金		

资料来源：UN PRI，万家基金整理

(四)业绩考核

业绩考核要与资金性质相匹配。美国养老目标基金的资金来源大多要到退休才领取,存续期限长。所以美国养老目标基金的考核期限长,一般采取1年期、3年期、5年期的考核,部分公司将期限拓展到8年和10年,行业内也把长期限考核作为行业最佳实践。国内目前由于第三支柱养老金体系尚未完全建立,中长期的考核期限与目前养老目标基金投资人的真实诉求是否真正匹配尚存在不确定性。此外,监管对于考核的规范并不是公司考核养老目标基金的全部内容,具体的考核方法还需要管理人在实践中不断细化和改进。

第四节　老龄化下养老信托发展定位与模式创新[*]

随着老龄化速度加快，党的十九届五中全会提出"实施积极应对人口老龄化国家战略"，这在历次党的全会文献中是第一次，突显当下解决人口老龄化问题的重要性。应对老龄化关键之一就是建立完善的养老保险体系。2020年12月召开的中央经济工作会议首次提出"规范发展第三支柱养老保险"，养老信托成为2021年两会"信托声音"的最主要话题。信托作为金融体系中的一个重要组成部分，凭借其在破产隔离、财富传承、账户功能等方面天然的制度优势，有望将养老信托打造成为我国养老第三支柱的重要支撑部分。

一、人口老龄化时代背景下，养老产业的发展格局

国家统计局数据显示，我国老龄人口占比和老年抚养比不断提升，已处于老龄化社会阶段。第七次全国人口普查数据表明，我国人口10年以来持续保持低速增长态势。与此同时，我国65岁及以上人口约1.91亿人，占总人口的13.5%，已处于老龄化社会阶段，社会整体养老压力较大。与此同时，虽然在过去十年中国经济取得了巨大成绩，但我国人均GDP与发达国家相比仍存在较大差距，经济基础尚显薄弱。

---

[*] 本节源自中国保险资产管理业协会出版的《中国保险资产管理》2021年第4期（总第36期）。作者：中国对外经济贸易信托有限公司郝奕斐、秦振扬。

面对着这种"未富先老""未备先老"的局面,我国养老金融面临制度设计待完善、需求供给不匹配、市场秩序不规范等众多挑战。具体来看,目前养老金"三大支柱"承压:第一支柱(法律强制的公共养老金)覆盖率虽高,但保险替代率较低且因收支缺口所带来的财政补助压力巨大;第二支柱(企业个人共同缴费的职业养老金计划)收益率表现较优,但因我国就业人口主要分布在中小民营企业导致年金覆盖率提升空间有限;第三支柱(个人养老储蓄投资计划)相比发达国家结构占比明显偏低,尚处于起步发展阶段,这些原因综合导致居民的养老积蓄不足。

在养老产业服务端,存在着供给缺口与空置率高共存的"怪象"。我国目前的养老机构主要分为公立和民营。公立机构的收费相对较低,需求量最大但资源明显不足。民营养老机构前期建设投入巨大,运营期的成本较高,投资回收期长。同时,一些机构开展无序的低价竞争以谋求吸引客户快速回笼资金,更有甚者后将募集资金挪作他用,当资金无法续接时很容易产生资金链断裂和暴雷事件。因此,养老产业供需的结构性失衡,造成公立机构"一床难求"、高端机构"空置率高"、中小民营机构"频繁暴雷"。

二、养老信托的定义与展业价值

从金融的角度看,养老问题本质上也是金融问题,存在着跨期、跨地域资产配置的基本需求。信托行业作为金融中的一个重要子行业,横跨实体经济、货币市场和资本市场展业,可运用多种金融工具,兼具金融与服务的双重制度优势。信托能将受托传承、投资保值、养老服务等环节有机结合,为机构、个人提供养老综合金融解决方案,缓解国家及社会面临的养老困局。中国银保监会、中国信托业协会持续加强关注,并积极推动养老信托发展。根据中国银保监会披露对"大力发展养老信托"提案的答复，银保监会将与相关部门沟通协调，争取尽快出台养老信托有关税收优惠政策，推动养老信托规范、健康发展。同时，中国信托业协会设立"中国信托业协会养老信托专业委员会"，共同探索信托公司如何发挥金融作用帮助解决养老问题。

何谓"养老信托"？至今没有统一明确的定义，但我们可以将其理解为横跨并链接信托与养老两大产业领域，兼具社会性和经济性的一项信托业务。养老信托作为信托业务的一类，既需秉承信托基本要素，又要积极发挥养老功能。无论是将信托收益用于受益人的个人养老或养老相关的其他慈善等特殊目的，还是将信托财产用于养老产业的开发建设，或是信托公司为养老产业链上的机构提供资产管理、资金清算、运营管理等金融服务等，只要信托公司能通过有效运用其制度、能力、资源等，为养老场景中各组成环节提供多元化的金融服务，均可纳入养老信托范畴。

目前，我国养老场景主要包括养老资金端及产业端两大部分（见图1）。其中，养老产业端又以养老地产为核心载体延伸产业链，涵盖各种养老服务及设施、医疗服务、养老信息技术服务等，包含但不限于为养老机构提供投融资支持、涉众资金管理等综合金融服务。而在资金端，信托公司可以通过积极参与企业年金管理、制定个人养老规划、成立养老信托产品等方式参与养老金第二、第三支柱的建设。

在全球发达国家，以养老信托这种模式管理并运行的养老保险形式已经成为了主流，产品包括养老金信托、养老财产信托、遗嘱信托等。相较而言，我国各家信托公司尚处于养老信托的研究、探索阶段，尚未成体系地形成养老信托成熟展业模式。养老信托成熟需要一个过程，在实践中通过对我国信托在养老金融价值链的定位与功能的明确，法律制度的不断完善，才能使信托养老保障制度发挥最大效用。

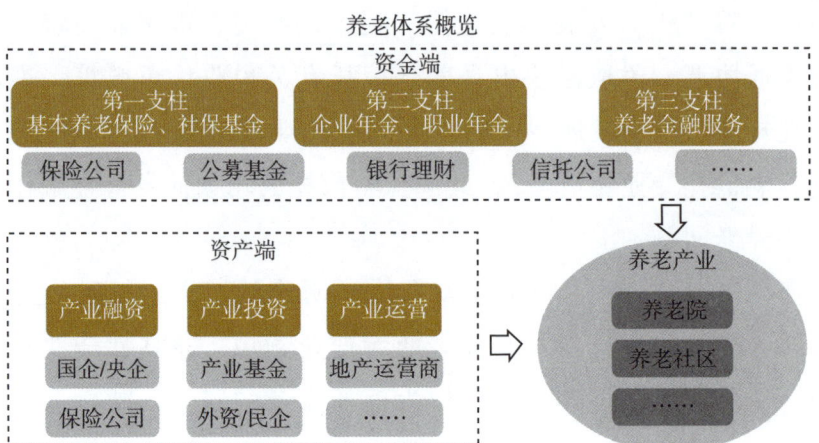

图 1 我国养老体系概览图

三、信托在养老金融价值链中的定位与功能

养老金融是满足全体社会成员养老需求而开展的各种金融活动的统称，包括养老金金融、养老服务金融、养老产业金融。养老金金融注重解决养老的经济因素，即支付能力；养老服务金融注重解决养老的经济补充和专业规划；养老产业金融注重解决养老服务载体的供给。信托在养老金融中的定位，取决于信托的制度功能、金融功能和资源禀赋。信托作为一种法律制度，具有风险隔离、财产独立的优势，是养老财产受托管理的良好工具。信托作为一种金融牌照，可以横跨实体经济、货币市场和资本市场展业，可以实现资金的跨市场、跨时间、跨空间的转移和配置，提供投融资支持。信托公司作为金融机构，在长期展业中积累了各行各业、资金端和资产端的客户资源，可以以金融服务为基础，串联养老产业链上的各方，成为养老服务的平台搭建者和养老生态圈的组局者。因此，在养老金融价值链的每一个环节，信托都有可承担的定位与功能。具体来看：

养老金金融主要是针对国家统一制度下的养老金运作管理，包括第一支柱的基本养老保险（含为基本养老保险提供补充的全国社保基金）、第二支柱的企业年金和职业年金、第三支柱的个人养老保险。信托在养老金金融中可以承担受托管理、投资管理和资产配置的功能。在当前的制度体系下，第一支柱的基本养老保险由全国社保理事会受托管理，进行直接投资或委托投资。委托投资由社保基金会委托投资管理人管理运作。虽然目前投资管理人以公募基金为主，但信托作为专业的资产管理机构，未来也可以争取成为基本养老保险的投资管理人。许多国家的养老保险基金交由信托投资公司运营管理，实现了较好的投资效益，这些成功的做法和经验值得我国借鉴和参考，以充分发挥信托对养老金保值增值的作用。为第一支柱提供补充的全国社保基金，则可以直接进行信托贷款投资，信托公司可以与社保理事会合作，设计针对社保基金投资需求的信托产品，成为社保基金资产配置的标的之一，助力社保基金保值增值。针对第二支柱的企业年金和职业年金，根据现行政策规定，信托公司可以承担受托管理人、账户管理人和投资管理人的角色，作为受托人提供受托运营、战略资产配置、投资监督等功能，作为账户管理人提供账户建立、信息管理等功能，作为投资管理人提供直接投资、估值等功能。针对第三支柱的个人养老金，账户制相较于产品制在实施税收激励、账户转移、与第二支柱承接等方面具有明显优势，预计未来我国第三支柱养老金也将采用账户制。信托公司则可以以养老理财产品创设和账户受托服务两种功能介入第三支柱建设。前者是进行主动的投资管理和资产配置，为养老金账户提供符合条件的金融产品；而后者则是围绕养老金账户开展托管、运营等账户管理服务，发挥服务信托的功能。因此，信托在养老金第一、第二、第三支柱中可以找到自身的定位，其不仅可以提供投资、资产配置等保值增值功能，还可以提供运营清算、托管、估值、账户管理等服务类功能。

养老服务金融是金融机构针对养老相关的投资、理财、消费及其他衍生需求提供金融产品与服务的活动，该部分的投资理财是养老金三支柱之外个人进行的养老基金、养老保险等投资，老年人在养老中还会产生养老服务选择、财富规划、财富传承、家庭事务管理等衍生需求。针对非制度化的养老金的投资、理财需求，信托公司可发挥投资管理的功能，基于大类资产配置的能力，为不同生命周期的人群提供适合的信托产品，实现财富保值增值，帮助在制度化养老金之外建立养老的经济补充。与公募基金等机构不同的是，信托公司可以对客户的不动产、股权、收藏品等设立财产权信托，通过专业化的管理运作，实现非现金类资产的保值增值，未来这些资产的管理需求预计将不断增加。同时，近年来高净值人群需求的综合化程度加深，从个人需求延伸到家庭、企业和社会，例如代际传承、慈善服务等。针对这部分老年人的需求，信托公司在家族信托业务上已有较好的积累，可以将老年人的养老服务与财富管理综合服务融合，为各个环节提供金融和非金融的资源支持，这是信托公司在养老服务金融上的独特价值。

养老产业金融主要是对承载各类养老需求的产业发展提供资金支持，例如对养老地产、养老社区、医疗护理、康养服务、智慧养老等产业的融资和投资。信托作为可以横跨三大市场、运用多种金融工具的金融机构，可以作为资金融通者的角色，引入其他机构或个人的资金，以信托计划或私募基金的方式，对养老产业的企业或项目进行债权融资或股权投资。对于具有稳定现金流的养老项目，还可以通过资产证券化的方式实现资产的盘活，进一步扩大投资规模。此外，对于社会组织投入养老产业的慈善资金，可以成立慈善信托进行受托管理，确保资金的透明、安全和高效运用。

信托除了单独参与养老金金融、养老服务金融和养老产业金融，还可以上述业务的积累为基础，搭建养老金融服务平台，一方对接养老的支付端，另一方对接养老服务的产业端，构建养老金融服务的生态圈，实现全周期、跨领域的综合养老服务（见图2）。

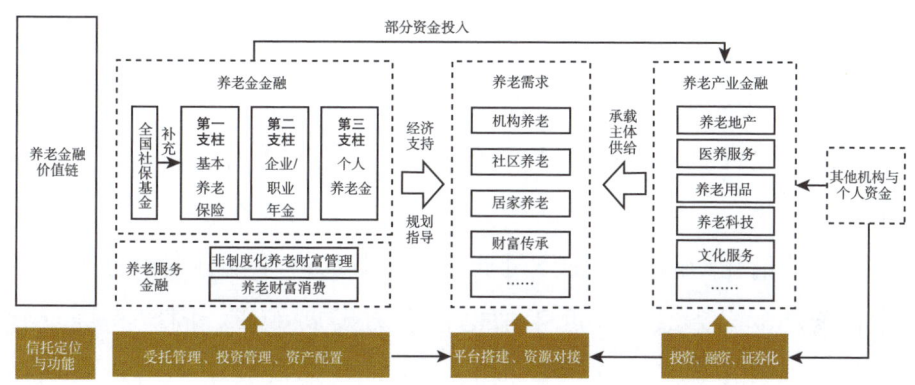

图 2　养老金融价值链及信托的定位与功能

四、养老信托的创新商业模式初探

基于以上对信托在养老金融价值链中的定位与功能分析，以及目前的制度政策、对市场与客户的需求情况，养老信托发展可从以下几种模式进行重点探索：

第一，为高净值人群制定养老规划和资产配置方案，发展"受人之托，代人理财"的信托本源业务。信托公司长期以来在家族信托业务上已积累了较强的财富规划能力，拥有专业的资产配置和运营管理团队，家族信托业正是很多高净值客户养老规划、财富传承的选择。信托公司还发展出保险金信托等创新模式，相较于直接投保，可以通过委托人需求意愿灵活进行财产处置、收益分配等条款。另外，近年来家族信托与遗嘱信托、监护支援信托等充分融合，不仅可以为客户提供生前的养老规划，还可以提供身后的财富传承安排，形成全周期、跨代际的养老服务。特别是对于无子女赡养而有一定财富积累的老人，则可以通过养老信托来满足监护、养老资源对接、遗产安排等需求。未来，信托公司可基于家族信托业务上的长期积淀，探索将客户养老需求与家族信托、家庭信托进行有机融合，为更多客户提供更加专业的养老金融服务。

第二，积极申请基本养老保险、社保基金、企业年金、职业年金基金管理相关资质，加强符合养老金投资配置要求的产品创新。社保基金、企业年金、职业年金的投资范围包含符合安全性、收益性、流动性要求的信托产品。信托公司具备数十载的产业投融资经验和私募证券投资基金服务经验，近年来也在大力发展FOF、固收+等资管类产品，通过多资产、多策略配置，能有效降低波动率与最大回撤水平，更好地达成绝对收益目标，为养老金提供专属产品。同时，信托公司的非标资产创设与风险管控能力突出，具有较强的风险识别、预警与处置能力，可提高养老金基金的配置效率与投资收益。未来，信托公司可积极对接养老金基金管理机构，推动将信托产品作为重要资产配置对象。

第三，布局优质养老机构股权投资，发展养老产业信托，储备优质REITs资产。未来优质养老机构需求量大，目前REITs试点不断加快推进，信托公司可探索以老旧项目改造、优质运营商合作为途径，布局优质养老机构股权投资，匹配养老资金的长期投资配置需求，为优质REITs资产提供储备。信托公司可以与专业运营机构合作，深入研究养老地产、养老社区的机遇，灵活运用信托制度，探索投贷联动、产业基金、股权投资等创新业务模式，助力养老产业健康发展。

第四，信托公司还可以通过资金清结算服务体系，为产业养老机构提供资金收付、清算、管理等综合运营管理服务，通过信托制度实现养老资金的独立管理、专业监督，有效防止养老机构以"养老"的名义非法集资挪作他用，促进经济实体之间的相互信赖，提升金融服务实体经济的效率与安全。

参与养老，需志在长远，信托公司绝不能做短期利益的逐利者。大力探索和发展养老信托、支持国家养老战略落地可以成为信托公司践行社会责任的重要途径之一。我们相信，信托公司可以以发展养老信托为抓手，把更多资源配置到经济社会发展的重点领域和薄弱环节，助力实现"人人共享、普遍受益"的金融价值，进而用金融的力量去推动社会的进步，创造一个更美好的世界。

参考文献：

[1] 董克用，姚余栋．中国养老金融发展：挑战与应对 [J]．中国经济报告，2019（01）：113－117．

[2] 姚余栋，王赓宇．发展养老金融与落实供给侧结构性改革 [J]．金融论坛，2016，21（05）：13－17．

[3] 郑则鹏，邓慧博．养老信托业务的国际比较研究 [J]．湖北社会科学，2012（10）：70－73．

[4] 董克用，张栋．中国养老金融：现实困境、国际经验与应对策略 [J]．行政管理改革，2017（08）：16－21．

[5] 张媛．国外养老保险基金信托运营及对中国的启示 [J]．调研世界，2011（10）：57－59．

[6] 董克用．建立和发展中国特色第三支柱个人养老金制度 [J]．中国社会保障，2019（03）：34－36．

[7] 张栋，孙博．养老服务金融：严监管背景下的跨行业探索与创新 [A]．中国养老金融50人论坛．养老金融评论（2019年第六辑）[C]．中国养老金融50人论坛，2019：34．

[8] 招商银行,贝恩公司. 2021中国私人财富报告 [R]. 北京:招商银行、贝恩公司,2021.

[9] 许海波,严冉. 服务信托创新与实践:打开养老信托的正确姿势 [J]. 中国律师,2021 (04):87-88.

专题三
养老保险体系建设的国际化、科技化探索

第一节 养老金的国际化、专业化道路*

一、加强对外开放，提升中国养老金公司创新与可持续发展能力

在中国大力完善和发展养老金市场的重要历史阶段，恒安标准养老保险有限责任公司于 2021 年 1 月正式获准开业运营。恒安标准养老是第一家具有外资背景的专业养老保险机构，也是中国养老金市场对外开放的一项重要成果。今后我们将继续在国内外养老金市场沟通和交流中扮演积极的角色，大力引进和分享国际养老金管理经验，与国内同行携手共同推进中国养老金行业的高质量发展。

毋庸置疑，经过三十多年的探索，中国养老金市场取得了长足的进步。但同时我们也看到，要满足快速老龄化的十几亿人口的养老需求，中国养老金市场仍需要加大改革和发展的决心和力度。我们希望就养老金市场目前所面临的一些关键问题提出我们的观点和

---

* 本节源自中国保险资产管理业协会养老金管理专委会《养老金融双周评》2021 年第 2 期（总第 15 期）。作者：恒安标准养老保险有限责任公司万群、浦鹏举、陈亮、于洋。

建议：一是养老金产品供给和市场需求存在巨大差异，现有的产品和相关服务同质化严重，难以满足不同人群的养老需求；二是国内养老金风险管理水平尚需提升，尤其要考虑构建面对长寿风险的精算和风控体系；三是国内养老金在全生命周期资金管理能力方面积累不足，缺乏实践经验，同时国内养老金考核激励机制短期化与养老金资产的长期属性不适应，制约了养老金资产长期稳健与可持续发展。

参考国际上成熟的养老金市场管理经验，结合中国政策和市场环境，针对上述三个问题，提出如下建议：

一是持续探索专属养老金投顾服务与产品创新。当前，我国人口结构持续老龄化，长寿风险日益凸显。市场上同质化的养老金产品和服务，难以满足人民群众日益多样化和个性化的养老服务需求。可以借鉴国外的经验，一方面开展具有长寿风险对冲属性的养老金融产品创新，应对长寿风险对养老金可持续性的影响；另一方面，积极探索养老金专属投资顾问服务，基于个人社会经济因子等大数据和先进的精算技术，对个人预期寿命进行独立评估，进而提供专属覆盖全生命周期的养老投资、健康、医疗等综合建议，满足个性化的养老需求。在政策与监管方面，可以参考国外养老金监管体系，在审慎监管的原则下，尽可能让市场发挥主观能动性，为市场主体提供自主创新的政策空间。

二是建立持续有效的企业风险管理（ERM）养老金风险管理架构。长寿风险、投资风险和运营风险是养老金管理机构面临的三个主要风险。先进的风险管理模式将会显著提高养老金计划的可持续性，进而解决客户的养老和长寿风险问题。在养老金公司治理层面，可以加强专属 ERM 企业风险管理模式的实践，在公司内部自上而下建立一体化的风险管理框架，用整体的视角看待单一风险，重点发掘风险之间的相关性。在具体操作上，可以借鉴英国养老金行业常用的动态精算控制环（ACC）理论，通过技术手段化解各类风险。例如，针对长寿风险，应该选择合适的精算模型对未来风险暴露进行衡量，进而选择对应的长寿风险应对工具，制定符合风险特征的投资策略，周期性评估风险管理效果，用精算技术解决长寿风险。

三是持续加强养老金管理机构全生命周期资金管理能力，鼓励养老金机构研究匹配养老资金风险特征的投资理论和策略。有别于传统的投资管理，养老基金的管理要求在明确客户风险特征的基础上，匹配客户预期寿命，对资金进行跨度数十年的全生命周期管理。国内市场上虽然有针对积累期的生命周期投资策略和资金管理服务，但是短期考核机制限制了长期投资策略的落实，而且更是鲜有覆盖领取期的投资理论和产品。参考海外市场经验，一是优化养老金长期考核和奖励机制，做好投资者教育和引导，鼓励投资者着眼于长期收益；二是通过开发对接领取期的养老金产品积累领取期资金管理经验，允许客户在退休后根据（长寿）风险特征、养老金领取方式等选择投资组合；三是结合精算技术，加强领取期专属投资策略的理论研究。例如，通过精算评估养老基金未来期望支出，参考英美市场上使用的市场匹配与精算公允估值理论，帮助我们设置长时间跨度或多时间跨度的动态投资策略。

从国外的经验可以看到，养老金管理是一个公司治理、风险控制和研究发展三者有机结合的动态过程，通常需要通过精算技术和投资技术的紧密结合来解决计划管理中遇到的各种问题。路长且艰，行则将至。伴随着我国养老金融领域的不断开放，国内外监管机构之间、市场主体之间以及学术研究机构之间进一步加强交流与合作，我们相信中国养老金市场在所有参与者的共同努力下一定能够探索出一条精耕细作、具有中国特色的可持续发展道路。

二、从国际经验看精算技术在个人养老金长寿风险管理中的应用

中国银保监会发布的《关于开展专属商业养老保险试点的通知》（银保监办发〔2021〕57 号），对开展第三支柱专属商业养老保险产品试点提出了要求。国家关于第三支柱个人养老金的顶层制度预计将逐步出台。在中国人口老龄化加速以及进一步完善多层次养老保障体系的背景下，本部分对精算技术在个人养老金长寿风险管理中的运用进行探讨。

（一）长寿风险的定义和风险衡量技术

长寿风险是我国养老金体系当中，政府、雇主、养老金机构和个人所面临的最大的、也是最不被了解的风险之一。广义上来说，长寿风险是指某个群体或个人的实际寿命长于预期，导致实际的养老金支出或债务远超预期的风险。在我国养老金体系当中，政府、雇主、养老金机构和个人承担着不同程度的长寿风险。

长寿风险管理，需要使用科学的精算技术对风险暴露规模进行衡量，再借助一系列风险转移手段进行应对。长寿风险衡量的精算技术，特指通过选择恰当的死亡率模型和风险度量指标，衡量人口未来死亡率不确定水平。

1825 年，英国人 Gompertz 首次用数学公式表现了人类死亡率与年龄之间的正向线性关系，即

$$\ln \mu(x) = \ln \alpha + \ln \beta x$$

其中，$\mu(x)$ 为 x 岁时的瞬时死亡率；α 为已知的基准死亡率；β 为死亡率随年龄变化的速度。该发现又被称为"人类死亡率法则"。Heligman & Pollard（1980）对人类死亡率法则进行了扩展，引入了 8

参数死亡率模型[①]:

$$\frac{q_x}{1-q_x} = A^{(x+B)^C} + D\exp\left[-E\left\{\ln\frac{x}{F}\right\}^2\right] + GH^x$$

该模型可以对全年龄段的死亡率数据进行拟合性分析（q_x 为年龄 x 时的死亡率）。像人类死亡率法则这样将死亡率以数学公式的形式表达为关于年龄的函数的模型被称作参数型死亡率模型（Parametric Mortality Model）。该类模型有着所需参数量较少、易扩展、对部分国家人口数据拟合度高等优势。在过去的数十年中，全球许多国家都经历着死亡率水平的显著进步，且进步的速度逐年递增。传统参数型死亡率模型无法捕捉死亡率随时间推移而下降的长期趋势，即死亡率改善。养老金长寿风险管理的关键和挑战即在于如何准确预测未来的死亡率改善。

长期死亡率改善是一个随机过程，具有高度的不确定性。英国的养老金、寿险和学术界从 20 世纪 90 年代开始引入 Lee – Carter（Lee & Carter, 1992）和 CBD（Cairns et al., 2006）离散死亡率模型来捕捉死亡率随时间的随机变化趋势。第一代 Lee – Carter 模型的表达式如下［由 Cairns et al.（2009）定义为 M1 模型］：

$$\ln m(t,x) = \beta_x^{(1)} + \beta_x^{(2)}\kappa_t^{(2)}$$

初代 CBD 模型的表达式如下［由 Cairns et al.（2009）定义为 M5 模型］：

$$\text{logit}\, q(t,x) = \kappa_t^{(1)} + \kappa_t^{(2)}(x - \bar{x})$$

其中，β_x 是关于年纪 x 的函数，用来描述年纪对死亡率 $m(t,x)$ 的影响；κ_t 为关于时间 t 的随机过程，被用来描述以及预测死亡率的

[①] 该模型中，参数 A、B、C 一同描述婴儿在适应母体外界环境之后死亡率随年龄呈指数下降的趋势；D、E、F 共同反映 10 岁至 40 岁之间人类死亡率随年龄呈现的驼峰式曲线；GH^x 则为传统 Gompertz 模型，描述了 40 岁之后人类死亡率与年龄之间高度线性正相关性。

长期趋势。精算师可以根据主观判断，选择合适的时间序列模型对κ_t进行预测，形成未来死亡率趋势的概率分布。

在DB计划中，未来死亡率的预测是精算师评估计划内期望债务现金流水平、计算雇主缴费水平、制定投资策略和长寿风险应对策略的重要依据。基于死亡率对冲的金融衍生品是长寿风险应对的常用工具。若是计划使用的死亡率精算假设严重偏离实际经验，那么在选择对冲工具时就会产生严重的基准风险（Basis Risk），使得对冲衍生品和被对冲标的产生严重偏差，轻则削弱风险对冲效果，重则引入新的长寿风险。

（二）精算技术在个人专属养老金咨询服务中的运用

精算技术在个人养老金专属咨询服务中也有着广泛的运用，后者在英国养老金产业扮演着重要的角色。2014年英国进行了自由与选择的改革，DC计划会员在退休之后可自由支配个人账户资金，无须购买终身年金。为了保证个人养老基金的可持续性和退休后的生活水平，英国民众倾向于使用养老金专属咨询服务来规划积累期和领取期的投资计划和退休金领取方式。

有别于一般的投资顾问，养老金咨询精算师需要基于客户的预期寿命、退休金的领取方式、退休后可能产生的各种支出、未来通货膨胀水平等确定积累期的缴费水平和投资策略，以确保在积累期累积足够的养老基金以应对长寿风险带来的财务困难。为了使咨询建议更具针对性，在英国精算师协会（IFoA）精算研究中心（ARC）指导和推动下，在英国国家统计局（ONS）数据支持下，英国精算师们近些年开发并使用了一系列社会经济因子死亡率模型，例如：

$$\log m(t,x) = \kappa_t^{(1)} + \kappa_t^{(2)}(x - \bar{x}) + \sum_j \beta_j X_j$$

在该模型中，CBD 部分用来描述整体死亡率水平，而社会经济因子对死亡率水平的影响则通过参数 β 进行表达。常用的社会经济因子包括个人职业、受教育程度、家庭住址、生活习惯等。通过此类模型，咨询精算师可以对个人客户的期望寿命进行独立综合的评估，使得做出的投资建议更贴合个人客户未来养老所需现金流的特征。

得益于计算机运算能力的不断提高，咨询精算师可以运用更加复杂的拟合方法对高维度死亡大数据进行拟合分析。例如，为了充分运用大数据包含的信息，精算师可以将死亡数据依据一系列社会经济因子进行分类归并，每个分组内人口拥有类似的长寿风险特征，但人口规模较小（Chen et al., 2017）。然后，精算师可以使用贝叶斯模型以及汉密尔顿蒙特卡罗拟合法（Chen et al., 2019），解决诸如小规模人口、多组人口的长寿风险建模问题，理解社会经济因子影响人口死亡率的机制，最终形成个人的期望寿命。

（三）对我国养老金长寿风险管理的建议

根据英国的经验，养老金长寿风险管理的本质是以死亡率预测、生命表开发、未来期望支出现金流评估、长寿风险对冲和转移为代表的一系列精算技术的运用，而人口死亡率预测技术更是唯一的长寿风险衡量技术。[①] 因此，从宏观角度上看，我国政府和行业在应对养老金长寿风险时，需要更加重视在技术层面化解长寿风险。具体建议如下：

第一，构建长寿风险监控网络。参考英国经验，由政府主导，在国家层面设立政府养老金精算中心，建设养老金长寿风险管理精算网络，引进精算人才，在整体上对养老金体系长寿风险进行把控，联合监管部门出台相关精算技术指导意见。

---

① 此处为撰写机构观点。

第二，搭建死亡经验数据库。借鉴英国国家统计局 ONS 的研究工作，做好基于人口社会经济因子的高维度死亡经验数据的收集以及数据库的搭建，为养老金行业的长寿风险管理和学术研究提供权威数据支持。

第三，开展精算技术和生命表的研究。在有关社会保障部门或精算师协会成立专门的长寿风险精算研究机构，鼓励高校和养老金机构参加，效仿英国持续死亡率研究部（CMI）和精算研究中心（ARC）的做法，持续开展针对中国养老金覆盖的、具备不同长寿风险特征的群体的长寿风险研究项目，由监管部门周期性地公布可以被养老金产业界使用的权威的生命表和死亡率预测模型。

第四，培养长寿风险精算人才。我国精算师协会可以在已有的寿险、非寿险方向基础上，进一步细分，设置养老金方向精算师资格认证，培养养老金长寿风险专业精算师。同时，密切关注国际养老金长寿风险管理技术和监管要求的最新动态，提高整体精算水准。

参考文献：

[1] Cairns, A. J., Blake, D., & Dowd, K. (2006). A Two-factor Model for Stochastic Mortality with Parameter Uncertainty: Theory and Calibration. Journal of Risk and Insurance, 73 (4), 687 – 718.

[2] Cairns, A. J., Blake, D., Dowd, K., Coughlan, G. D., Epstein, D., Ong, A., & Balevich, I. (2009). A Quantitative Comparison of Stochastic Mortality Models Using Data from England and Wales and the United States. North American Actuarial Journal, 13 (1), 1 – 35.

[3] Lee, R. D., & Carter, L. R. (1992). Modeling and Forecasting US Mortality. Journal of the American Statistical Association, 87 (419), 659 – 671.

第二节　金融科技服务新时代第三支柱体系建设*

一、聚焦普惠特征、构建新时代第三支柱个人养老金制度体系

养老金制度关系国计民生，是维系现代社会运转的基本制度之一。20世纪90年代初，结合世界银行的研究，我国发展了具有中国特色的三支柱养老金体系。经过多年发展，我国养老金第一支柱基本养老保险虽然覆盖较广，但其模式主要体现为现收现付制，一般仅能保证基本生活需求，无法提供体面的退休生活支持；第二支柱职业养老金包括企业年金和职业年金，覆盖人群仅有七八千万人；第三支柱个人养老金尚处于试点和起步阶段，顶层制度规则尚未规范建立。

根据全国老龄委的数据显示，2015~2035年，中国将进入急速老龄化阶段，老年人口将从2.12亿增加到4.18亿，占比提升到29%。我国人口老龄化形势严峻的同时，相比其他国家，还有一些更为复杂的问题，比如绝对规模过大的老年人口、过快的老龄化速度、未富先老等难题，对我们的应对能力提出了更高要求。

在逐步实现全体人民共同富裕的新时代要求下，如何积聚长期性质的养老基金，既能促进当期消费也能保障未来生活，构建一套

---

* 本节源自中国保险资产管理业协会养老金管理专委会《养老金融双周评》2021年第9期（总第22期）。作者：天弘基金管理有限公司朱海扬、李洁、徐贝妮、徐晓晖。

高效、稳定、可持续的第三支柱个人养老金制度是良好的解决方案，也才能真正发挥好养老金制度社会稳定安全阀、经济增长助推器的作用。

结合自身多年的国内外养老金制度的理论研究与养老金资产管理、客户服务的实践经验，本文认为：聚焦个人养老金的普惠特征，围绕普遍性、有效性、引导性、便捷性四大原则，同时结合我国金融体系从间接融资为主到间接融资直接融资兼顾的转变过程，构建新时代我国第三支柱个人养老金制度体系正逢其时。

（一）把握养老金融的普遍性，让第三支柱惠及更多国民

第三支柱个人养老金制度，应当是一个具有普遍性的制度：通过激励相容的政策，鼓励国民积极参与个人的养老财富储备。

从国际经验来看，通过税收优惠和财政补贴兼顾的激励政策，更有利于扩大第三支柱个人养老金国民参与覆盖面。由于我国实施的是个人收入调节的所得税机制，个人所得税覆盖面相对较小，再经过纳入六项扣除的综合税制改革以后，纳税人群进一步缩小。如仅实施税收优惠的激励政策，则惠及人数将会十分有限。同时，个人所得税优惠仅针对个人，而养老问题在我国更多的呈现家庭特征，在税收优惠已经纳入赡养父母、抚养子女的情况下，包括配偶在内的家庭成员获得养老税优支持也符合我国传统文化的特征。

为保障非纳税人群的参保扩面，可以参考德国李斯特养老金财政补贴的激励政策，对于低收入群体或者没有收入来源的家庭成员，通过配之一定比例的国家养老补贴鼓励其个人缴费；对于收入较低、有困难的家庭，以家庭为单位进行财政补贴，即只要夫妻中一方按要求缴纳一定金额，另一方只要象征性地缴费，整个家庭就可以获得财政补助，从而提升整个家庭的参与积极性。

（二）把握养老金融的有效性，让养老投资具有实实在在的获得感

第三支柱个人养老金，本质上是资金所有权从属于个人投资者的账户型长期投资资金。能否实现养老资金的长期有效增值，让居民感受到个人养老金账户实实在在的收益，提升获得感，是提升退休后生活品质的现实保障，也是居民有意愿、有信心、能坚持参与第三支柱个人养老金账户缴费的重要前提。

对于第三支柱养老金的投资管理机构，需要尽到审慎与尽责两方面的义务。一方面，养老金投资注重资金的安全性，投资管理机构必须审慎投资，特别防范固收资产信用暴雷与权益资产退市带来的资产灭失风险。另一方面，养老金投资是长期投资，投资管理机构要对投资收益履行尽责义务，至少跑赢通货膨胀，并特别注重长期复利的力量，在保障养老本金购买力不下降的基础上，更要提升养老资金的长期投资效率。

（三）把握养老金融的引导性，帮助国民树立正确的长期理性的投资观

以纵向积累为特征的个人养老金，如要账户内资金真正实现长期投资收益，离不开国民拥有正确的长期、理性的投资理念。虽然监管部门与资产管理行业在过去多年做了大量的投资者教育工作，取得了很多成效，然而国民在投资中依然难以摆脱人性的弱点，依然存在着大量追涨杀跌、频繁交易、集中持有的非理性行为，资管产品赚钱但投资者不赚钱的现象还经常出现。

养老金融投资拥有较多的反人性特征，而人性在特定场景下是可以引导的，因此养老金融也具备引导性。建议由国家充分发挥政府的主导作用，发动各资管行业及各级机构的力量，统一部署第三支柱个

人养老金的宣传推广和投资者教育工作，开发各类喜闻乐见、寓教于乐、形式多样的投教产品，让长期、理性的投资理念深入国民之心。

另外，优质的养老金产品是最好的投教工具。通过开发仅以年龄为特征的目标日期型养老资管产品、开发便于国民认知的极简化被动投资产品，并配套默认选择机制，将更有利于引导国民以正确长期投资观参与到第三支柱的资金积累中来。

（四）把握养老金融的便捷性，让友好的养老投资服务体验触手可及

便捷、友好、顺畅、专业的服务体验，有利于帮助国民完成从决策参与到建立账户、实现缴费、购买产品的最后一里路。相关调查显示，销售机构服务不到位、缺乏与投资者的沟通与响应，是投资者选择离开的主要因素之一。

养老金融服务机构可以充分利用互联网工具与金融科技，发挥线上服务的优势，将财税激励流程、缴费和领取、产品选择与交易、投资顾问服务、投资者教育陪伴等内容或功能一站式嵌入互联网端口；通过简化的流程、美观的界面、丰富的内容、模式化的服务，覆盖更多投资者参与，不再让流程复杂、内容艰深、选择困难成为国民参与第三支柱的障碍。

二、金融科技在个人养老金投资管理与服务中的应用

根据金融稳定理事会（FSB）[①] 2016 年给出的国际通用定义，

[①] 金融稳定理事会的前身为金融稳定论坛（FSF），是 7 个发达国家（G7）为促进金融体系稳定而成立的合作组织。在中国等新兴市场国家对全球经济增长与金融稳定影响日益显著的背景下，2009 年 4 月 2 日在伦敦举行的 20 国集团（G20）金融峰会决定，将 FSB 成员扩展至包括中国在内的所有 G20 成员国，并将其更名为 Financial Stability Board，简称 FSB。

金融科技主要是指由大数据、区块链、云计算、人工智能等新兴前沿技术带动，对金融市场以及金融服务业务供给产生重大影响的新兴业务模式、新技术应用、新产品服务等。在养老金投资管理方面，随着我们对养老金市场发展趋势、个人养老资产管理需求，以及金融科技参与养老金管理应用场景的深入思考，结合公募基金投顾业务的发展需要，我们希望把金融科技在个人养老金投资管理中应用的深度和广度从投前、投中、投后三个维度做进一步拓展和延伸。

（一）金融科技在个人养老金投资管理与服务中深化应用的思考

1. 投前：客户触达与引导

金融科技的发展为养老金投前管理提供了便捷的实现手段，主要体现在客户触达、客户认知重塑和客户行为引导三方面。

在客户触达方面，首先，金融科技的发展有利于实现精准营销，从而最大化营销效果，实现低成本、可持续发展的业务目标。在个人养老金投资管理与服务中，投资需求的多元化、个性化越来越突出，需求越来越分散，分众市场要求金融机构的投前营销必须更加精准，而执行的关键在于明确的目标人群、清晰的市场定位、精准的触达手段三个方面。其次，以智能手机为载体，以移动互联网为手段，金融科技的迭代更新也使得传统金融销售模式下无法触达的长尾客户享受到了普惠金融的服务。基于客户端的捆绑，尽管个体资金量小，但用户数量足够庞大，很容易形成规模效应；同时，借助大数据与云计算，系统可自动获取用户行为数据，有效降低长尾客户的服务成本。当移动客户端使用黏性增加时，根据不同的用户属性、投资需求、社交需求和消费需求将养老金产品与服务互联网化，尽可能多地延伸至长尾客户。

在客户认知重塑方面，金融科技的运用使得投资者教育以更加润物细无声的方式植入投资者生活的细节，提高接受度。在具体实践中，多家基金公司在产品宣传和投资者教育上都花费了极大心力，例如设计开发养老金计算器、养老金投资版本的大富翁游戏等，让投资者体验不同的投资选择带来的不同老年晚景，寓教于乐地完成投资者教育，激发投资者进行养老投资的内驱力。

在客户行为引导方面，当投资者注册养老金账户之后，大数据算法可以利用个人特征来筛选适用于每个投资者的有限的投资产品选择，避免他们陷入选择困难。提供具有默认投资选项的少数建议方案，是保证用户持续使用养老金账户的关键所在。以养老目标日期基金和养老目标风险基金为例，系统可以根据投资者选择的预计退休日期或者风险测评问卷给出的风险承受能力向投资者推荐相匹配的养老目标基金，引导他们完成投资行为。在投资者后续进行持续缴款和投资决策的过程中，通过文字或图像给予投资者不断引导和鼓励，有助于提高投资者的参与度和可持续性。

2. 投中：投资决策

个人养老金投资的主要目标是资产的长期稳健增值；同时，个人养老金投资管理是一个具有明确目标、严格风险约束，且需兼顾普惠化和个性化的过程。基于上述特征，传统人力资源驱动的投资管理模式可能会面临瓶颈。金融科技的引入，尤其是专业的养老金智能投顾系统，可能是突破瓶颈的有效工具。金融科技手段可以提供用户画像投资顾问服务。

（1）用户画像。金融科技手段能够对用户进行多维度、立体化的用户画像，有效提升目标设定的准确度。用户画像是互联网产品设计和用户运营的重要工具，具体运用于养老金投资时，用户画像主要可分为两部分：养老金缺口预测和风险收益特征评估。

①养老金缺口预测。养老金缺口预测是养老金投资管理的首要环节，即测算用户退休时，个人养老金投资所需覆盖的养老金缺口

部分。养老金缺口预测通常以养老金计算器的形态作为入口，静态的养老金计算器属于成熟技术，但是由于养老金投资的长期性，各项参数在超长投资周期中可能发生显著变化，因此在养老金投资的存续过程中，需要对参数和计算结果进行动态调整。动态调整的重要方式是引入金融科技，对用户的各种结构化与非结构化信息进行数据采集和更新，同时捕捉用户健康状况、社会发展的变化趋势，辅助关键参数的估计和养老金缺口的动态计算。

②用户风险收益特征评估。理想状态下，养老金投资是一个长期持续的投资过程，但账户净值的短期波动，可能对用户情绪造成干扰，从而影响用户资金投入的连续性，破坏整体投资计划的实施效果。因此，在投资过程中，需要持续关注用户风险收益特征。

根据对互联网用户行为的观察，用户的风险承受能力，实际上可能与用户的性格（尤其是交易性格）更相关。因此，判断风险承受能力，其实是基于业务形态范畴内的用户行为数据，对用户的交易性格进行画像。具体到养老金投资，可以采集用户在完整投资周期内的交易数据（如有可能，也可纳入过往交易数据），运用机器学习方法，对用户的投资行为进行建模，持续积累数据，不断训练数据并优化模型，最终对用户的风险承受极值形成较稳定的量化估计。

用户行为通常受到市场行情、市场信息、交易盈亏、个人情绪和外部资金需求等多种因素影响，因此，必须积累大量各类场景下的用户反馈，研究各影响因素和用户行为之间的映射关系，找到每种行为模式在各影响因素上的权重，这样才能真正理解并解释用户行为，定义出用户的正常状态和非正常状态，进而探明其风险承受极限。在系统判断用户风险收益特征的过程中，还可以借助智能机器人，与用户保持人机互动，让用户对算法结果进行再确认（图1）。

保险问道之养老金融体系建设

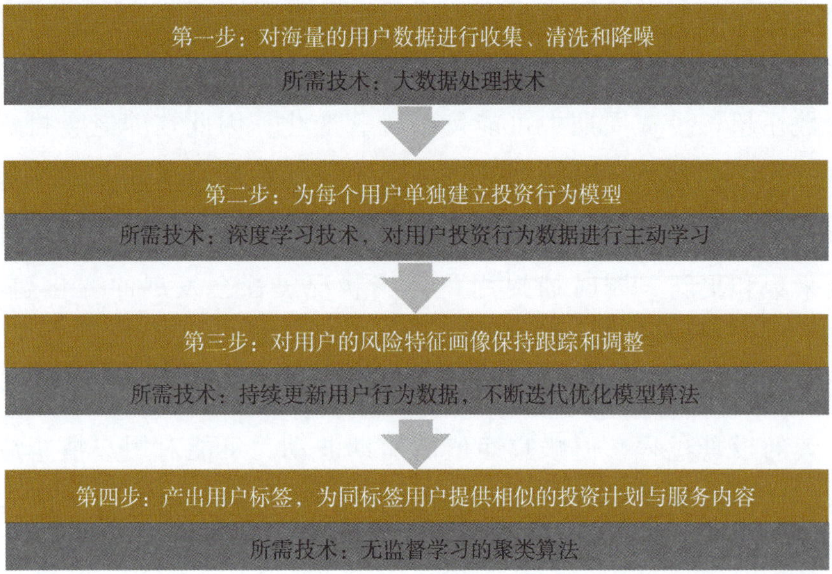

```
第一步：对海量的用户数据进行收集、清洗和降噪
    所需技术：大数据处理技术
              ↓
第二步：为每个用户单独建立投资行为模型
    所需技术：深度学习技术，对用户投资行为数据进行主动学习
              ↓
第三步：对用户的风险特征画像保持跟踪和调整
    所需技术：持续更新用户行为数据，不断迭代优化模型算法
              ↓
第四步：产出用户标签，为同标签用户提供相似的投资计划与服务内容
    所需技术：无监督学习的聚类算法
```

图1 金融科技的运用

（2）投资顾问服务。获得每一位用户的个性化画像后，用户的长期投资目标和风险收益特征也随之明确，养老金智能投顾系统可以为用户提供定制化的投顾服务，具体包括投资方案设计、投资组合构建与运作和投资方案的长期跟踪与调整。

①投资方案设计。养老金投顾服务的第一步，是为每位用户定制个性化的投资方案。对于养老金投资而言，用户主要关注长期增值的可实现性和短期风险的可控性。具体而言，投资方案可以分为资产端和资金端两个维度。在资产端，需要以用户的养老金缺口为长期收益目标，以不同生命周期阶段的风险承受能力和个性化风险偏好为约束，设计长期的战略资产配置方案；在资金端，即为用户规划合理的投资资金流方案，如定投的频率、金额、起止时点等。

②投资组合构建与运作。养老金投资组合的构建与运作，大致可以分为四部分。

第一，资产配置。在长期资产配置中枢与区间确定的条件下，可以通过战术资产配置，即各类资产的小幅动态调整，在风险与收益之间达到微妙的平衡；既要重视盈利体验，防止超出用户承受能力的回撤；又要避免过于保守，使短期收益不偏离长期目标。

第二，基金优选。资产配置比例确定后，需要选择基金作为底层资产构建组合。基金选择，本质上是对人（基金经理）的选择。除了传统的基金量化分析和定性调研外，还可以引入金融科技对基金经理进行深度画像。

第三，组合管理。未来如果要真正实现养老投资组合的千人千面，必须借助智能系统提升管理效率，有利于实现用户资产负债的动态匹配。此外，还能保证交易纪律，避免人为操作中常见的情绪干扰。

第四，风险管理。借助金融科技，可以在传统风控手段的基础上，为养老金提供更有力的保护。在底层资产层面，可以通过大数据拓展信息维度，更细致地分析底层投资标的的宏观环境和微观状态，主动发现潜在风险，及时调整投资策略。在投资组合层面，构建系统化的监控预警和止损机制，当市场出现异动时，系统通过学习历史上的类似案例及市场量价反应，观察市场模式是否具有一致性，以此判断风险程度，做到快速响应、精准应对。

③投资方案的长期跟踪与调整。养老金投资的投资周期通常长达数十年，因此每位用户的养老投资计划一旦开启，就要对其进行贯穿生命周期的长期持续服务。这要求投资管理机构构建一个具备人工智能和强大算力的系统。一方面，对用户个人特征信息进行持续更新学习；另一方面，对金融市场变化进行系统分析，从而对原有投资方案和投资组合进行持续迭代优化，并以人机互动的方式，向用户提示并确认投资方案的调整。

3. 投后：客户关系管理

养老金客户的投后服务是对现有普通基金售后服务模式的革新

和升级，其内涵是运用人工智能和大数据技术，并基于客户生命周期所设计的一整套专业化的投资陪伴服务。养老金客户的投后服务主要有两大方面：一是投资陪伴，即通过中心化的互联网化运营方式，第一时间生成高质量的陪伴内容并传递给客户，从而实现服务内容从低阶向高阶的发展；二是智能客服，通过科技的手段扩大客户服务数量和服务范围，包括线上场景搭建、社群维护、直播路演和权益发放等服务形式，覆盖更广泛的人群。

（二）金融科技在个人养老金投资管理与服务应用过程中存在的问题与建议

金融科技在个人养老金投资管理与服务的应用方面还存在一系列问题，主要有以下几点：第一，养老金投资管理机构的金融科技人才占比和投入低于金融行业均值，面临极其严重的人才缺口。第二，数据保护是养老金投资管理机构开展智能投顾业务的核心前提，但对于金融机构而言，既要做到用户画像的精准描绘，同时兼顾用户的隐私，很难同时实现。第三，科技的力量能在多大程度上代替人类，还是相对未知。第四，监管和配套机制有一定缺失，监管者和被监管者之间存在信息不对称，未来存在监管滞后甚至监管套利的可能性。

针对当前存在的一系列问题，我们相应提出了一些建议。第一，落实人才储备，培育创新基因。养老金投资管理机构可以通过与高校、各大科技公司合作的方式，学习汲取相关领域的多维知识，同时吸引青年人才。第二，着眼数据的全生命周期，建立自上而下的数据保护机制，同时采取适合的数据安全保护技术。第三，确立人和机器的互动体系，力求人机平衡，从而有效引导养老金投资者进行长期的使用和持有。第四，相关机构应当强化监管效能，明确各主体的责任和义务，防止"科技套利"，避免系统性风险的产生。

综上所述，构建新时代第三支柱个人养老金制度不仅有助于国家应对老龄化社会、构建多层次养老保险体系，也可以此为抓手，改革整个养老金体系的投资模式，提高投资效率，为资本市场提供长期稳定资金，从而促进我国资本市场健康发展。同时，金融科技为养老金投资管理机构如何做好个人养老金投资管理与服务提供了强大的技术支撑和实现路径，也是难得的发展机遇。

后　记

伴随着中国人口老龄化趋势的不断加快，社会经济发展将长期面临老龄化带来的宏观压力，如何推动养老金市场高质量发展逐渐成为当前乃至较长一段时间的热点话题。为进一步加强养老金领域的交流探讨、投资研究及实践总结，2021年中国保险资产管理业协会（以下简称"协会"）立足当前、放眼长远，依托协会养老金管理专业委员会（以下简称"养老金专委会"）积极组织业内外开展《人口老龄化背景下的中国养老金融体系建设》课题研究以及银行保险业、基金业、信托业等金融机构实践探索研究。

本书的成稿，既是业内外集智的过程，也是总结探索的过程。理论研究篇得到了监管部门及协会领导、众多行业专家的支持，特别感谢中国银保监会资金部、人身险部、国际部给予的战略指导，感谢协会执行副会长兼秘书长曹德云、副秘书长陈有棠、教育培训及国际事务部总监杜建、研究规划部副总监（主持工作）梁风波的支持。该课题由任泽平、熊柴、于嘉俊、赵魏一、钱程、刘派、金鑫、郑照义参与完成。养老金专委会原主任委员苏罡，养老金专委会副主任委员、新华养老总裁助理姜京，养老金专委会秘书长、长江养老董事会秘书朱炜，中国工商银行总行养老金业务部副处长陈罡，长江养老战略行政部助理副总裁陆悦，新华养老产品精算部副总经理黄登稳，恒安标准养老产品开发高级经理陈亮等专家，积极参与课题论证和质量把关。恒大人寿也对该课题研究提供了支持。

后　记

专家们的严格指导与课题组的辛勤付出成就了本书的出版面世，在此一并表示感谢。

实践探索篇收录了协会出版物《中国保险资产管理》（双月刊）及协会养老金专委会《养老金融双周评》部分成果。感谢新华养老、华泰资产、泰康资产、平安养老、建信保险资管、农业银行、招商银行、招银理财、华夏基金、汇添富基金、万家基金、外贸信托、恒安标准养老、天弘基金为本书提供了丰富的行业实践经验和创新探索研究资料。对以上机构深表敬意和谢意。同时，感谢各专家向业界的倾情分享和专业见解。

学海无涯，研究无境，本书呈现的只是目前的阶段性成果。养老行业在快速发展，各方资金参与养老领域投资的实践和思考也会持续深化、不断丰富。协会将认真落实中国银保监会有关要求和工作部署，认真做好服务工作，依托专委会，凝聚业内外及境内外机构、专家、学者力量。希望未来发挥保险、银行、基金、信托、证券等各类机构之所长，激荡思想、畅谈观点，与关注养老领域的市场机构一道，携手并进，推动养老金融事业高质量发展。

养老金融体系建设课题组
2021 年 12 月